秦漢文明

中国文物交流中心
中国南海博物馆
编

图书在版编目（CIP）数据

秦汉文明 / 中国文物交流中心，中国南海博物馆编．
-- 北京：北京联合出版公司，2018.2
ISBN 978-7-5596-1715-6

Ⅰ．①秦… Ⅱ．①中… ②中… Ⅲ．①文物—中国—秦汉时代—图集 Ⅳ．① K871.412

中国版本图书馆 CIP 数据（2018）第 018787 号

秦汉文明

作　　者：中国文物交流中心　中国南海博物馆
责任编辑：申妙　张芃
书籍设计：雅昌设计中心・陈蔚
出版发行：北京联合出版有限责任公司
　　　　　北京联合天畅发行公司发行
社　　址：北京市西城区德外大街 83 号楼 9 层
邮　　编：100088
电　　话：（010）64243832
印　　刷：北京雅昌艺术印刷有限公司
开　　本：889mm × 1194mm　1/16
字　　数：120 千字
印　　张：11.5
版　　次：2018 年 2 月第 1 版
印　　次：2018 年 2 月第 1 次印刷
定　　价：180.00 元

文献分社出品

主办单位

国家文物局　海南省人民政府

承办单位

中国文物交流中心　中国南海博物馆

协办单位

河北省文物局　江苏省文物局　山东省文物局　河南省文物局　湖北省文物局　广东省文物局　广西壮族自治区文物局　四川省文物局　云南省文物局　陕西省文物局　甘肃省文物局

参展单位（按行政区划排序）

河北省　河北博物院　河北省文物研究所
江苏省　南京博物院　徐州博物馆
山东省　山东博物馆　济南市考古研究所　淄博市博物馆　济南市长清区博物馆　青州博物馆　（临淄）齐文化博物院
河南省　河南博物院
湖北省　湖北省博物馆　荆州博物馆
广东省　广州博物馆　（广州）西汉南越王博物馆
广西壮族自治区　广西壮族自治区博物馆　合浦县博物馆
四川省　四川博物院
云南省　云南省博物馆　云南李家山青铜器博物馆
陕西省　陕西省考古研究院　秦始皇帝陵博物院　汉景帝阳陵博物院　西安博物院
甘肃省　甘肃省博物馆　甘肃简牍博物馆

中国文物交流中心展览团队

总策划　梁钢
统筹　赵古山
执行　钱卫
展览筹备　李天凯　张易婷　任杰　王卓然　刘家朋　彭湘炜

中国南海博物馆展览团队

总策划　辛礼学
执行　章佩岚
筹备　符晓遥　张凝灏　徐品　郭冬月　齐天俏　林佩珊

图录编辑委员会

主编　梁钢　辛礼学
副主编　赵古山
单元文字及内容设计　单月英　钱卫　章佩岚
展品说明文字编写　张易婷　李天凯　任杰
文物摄影　各展品收藏单位提供

目　录

致　辞

今年是海南建省办经济特区30周年，为响应党的十九大加强文物保护利用的要求，用文物展览讲好中国故事，值此一年一度的博鳌亚洲论坛年会召开之际，由国家文物局与海南省人民政府主办、中国文物交流中心与中国南海博物馆承办的"秦汉文明"展在美丽的海南开幕。在此谨向所有给予此展鼎力支持和帮助的各省、区文物主管部门和各收藏单位表示衷心的感谢，同时，向所有参与此次展览筹备的工作人员表示诚挚的问候！

秦汉时期是中国迈向统一、强大的历史新阶段。孤悬海外的海南纳入中央版图，自此江山一统，文化融合，数千年文脉不断，影响深远。此次展览以中国国家博物馆"秦汉文明"展为基础，凝聚多方智慧，汇集全国26家收藏单位的144件/组精美文物，通过"统一中国""汉宫笙歌""不朽来世""多元文化""丝路交通"五个部分，从政治、经济、宗教、文化、外交等方面多角度展现了一个真实、立体的秦汉盛世。

早在公元前2世纪的西汉时期，中国人民就在南海航行，并在长期实践中发现了南海诸岛。"海上丝绸之路"形成于秦汉时期，随着造船技术提高和渔业范围扩大，作为中国海外贸易的海上通道，南海成为重要的交通要道，在"海上丝绸之路"中发挥了积极作用。两千年后的今天，习近平主席提出"一带一路"倡议开启了中国与世界交流合作的新篇章，海南作为中国最大的经济特区，是中国深化与国际社会联系的实验区，文物搭桥，必将吸引更多国际社会的目光，向世界展示中国的辉煌历史和文化自信。

预祝展览取得圆满成功。

中国文物交流中心/中国南海博物馆

二〇一八年二月

皇帝立國維初在昔嗣世
逆威動四極武義直方戎
不久滅六暴強廿有六年
道顯明既獻泰成乃降專
登于繹山羣臣從者咸思
世分土建邦以開爭理功
於野自泰古始世無萬數
能禁止迺今皇帝壹家天
災害滅除黔首康定利澤

前　言

秦汉时期是中国历史上至关重要的开创与变革时期，开启了中国王朝历史的第一段盛世，为后世中国积累了厚重的文化遗产。公元前 221 年，秦王嬴政统一六国，建立秦朝。秦朝创建文官体系，推行郡县制度，采取了统一文字、度量衡等措施，推动中国形成统一的多民族国家。汉朝在继承和完善秦朝创立的各项制度的同时，于政治、经济、文化、思想、对外交流等领域都有发展和创新，取得了辉煌成就。秦汉王朝经过四个多世纪，所建立的政治、经济与思想体系不但为后世历代王朝所取法借鉴，也为中华文明的持续发展奠定了坚实的基础。

秦汉王朝与罗马帝国是当时世界的两极，作为都城的长安和罗马东西辉映，成为著名的“丝绸之路”之起点与终点。秦汉时期是中华文明的经典时期，也为源远流长、辉煌灿烂的中华文明在此后两千余年的漫长岁月中实现连续不断的发展奠定了坚实的基础。

鉴于此，展览选择以秦汉文明为展示对象，从全国各文物收藏机构精选出 144 件 / 组珍贵文物，展览将通过“统一中国”“汉官笙歌”“不朽来世”“多元文化”“丝路交通”五个部分，从政治、经济、宗教、文化、外交等方面解读秦汉文明的厚重内涵及深远影响，感受中华民族发展历史上这一灿烂辉煌的时代记忆。

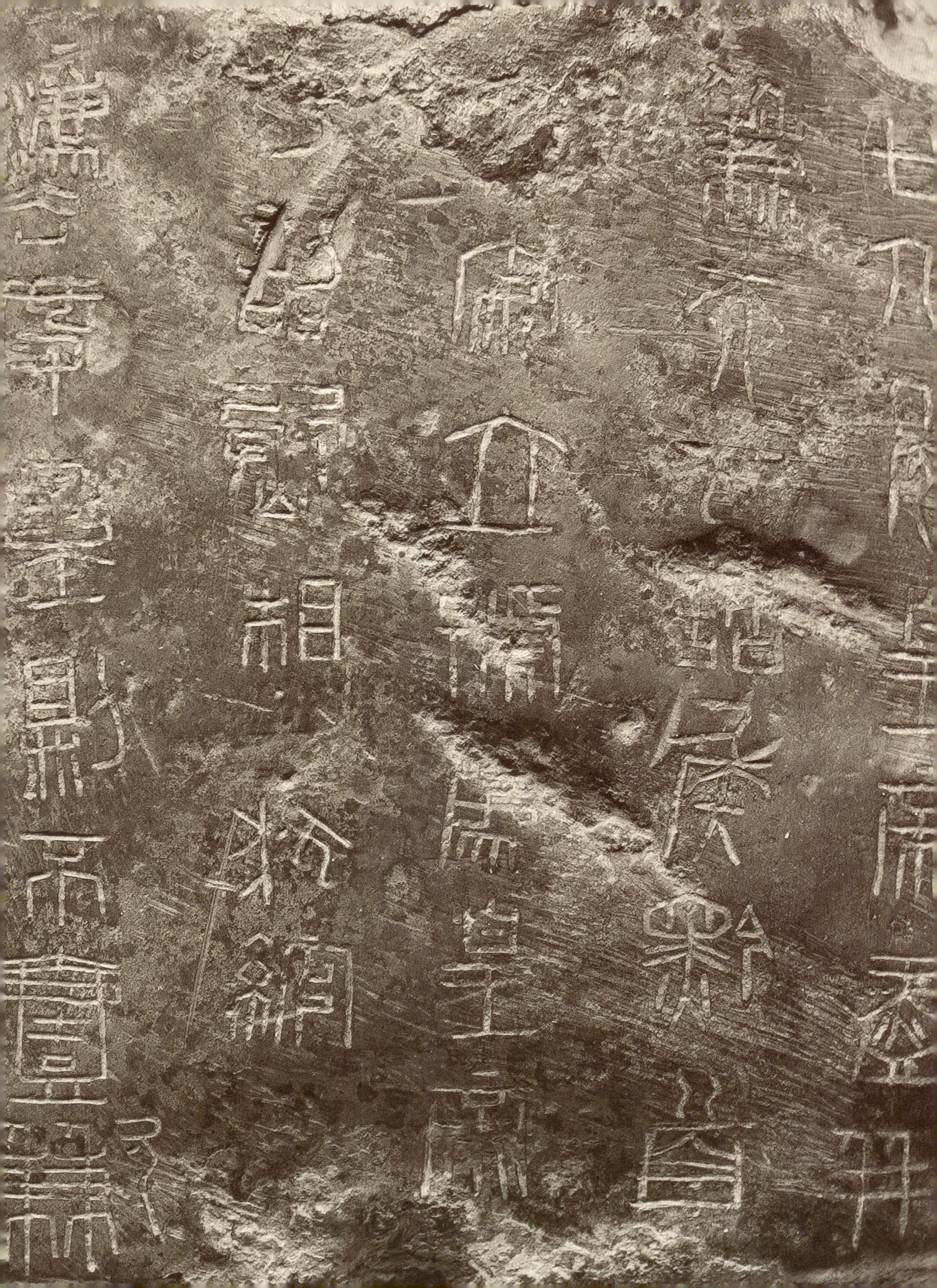

第一单元

统一中国

秦汉时期，中国政治结构制度化，经济上有当时世界上发展程度最高的精耕农业和市场经济，这些使得秦汉王朝明显区别于同时期的其他国家。秦始皇统一中国后，颁布“书同文”“车同轨”等法令，统一文字、度量衡，推行郡县制，以直道和驰道及放射分支道路联系王朝全境，可以使政令通达各地。汉承秦制，并为巩固统一国家进行政治、经济、文化、思想的创新与改革。西汉武帝通过“罢黜百家，独尊儒术”“外攘夷狄，开疆拓土”“内修法度，立法建制”，改革货币制度、取消郡国铸钱权等一系列政治、军事措施和经济改革，经过多年的经营，使西汉王朝最终建立起坚实的皇朝体制，“以文官制度和市场经济两个大网，将广大中国融合为一体”，儒家的意识形态成为士大夫的价值观念，使文官系统与皇权保持一种微妙的既相互合作又彼此制衡的关系，统一的多民族国家达到鼎盛。

陶铠甲军吏俑

秦代
通高 190 厘米
陕西省西安市临潼区秦始皇兵马俑一号坑出土
秦始皇帝陵博物院藏

秦文化深受法家思想的影响，具有浓厚的军事化色彩。“秦皇扫六合，虎视何雄哉！”1974 年以来，三个兵马俑坑相继发掘，守护秦始皇的地下军团展示在世人面前，反映了我国秦代军队编制、军备的状况。秦始皇陵兵马俑是秦朝最具代表性的出土文物，展现了秦朝极高的造型艺术。根据服饰、甲衣、冠帽的不同，秦俑可分为军吏俑和士兵俑两大类，其中军吏俑又有高级、中级和下级之分。陶俑上的生漆和颜料难以保存，出土后仅残留少许彩色痕迹。

陶铠甲武士俑

秦代
通高 185 厘米，最宽处 60 厘米
陕西省西安市临潼区秦始皇兵马俑一号坑出土
秦始皇帝陵博物院藏

武士俑是秦军作战主体，根据着装分战袍武士俑和铠甲武士俑，铠甲武士俑也称重装步兵俑，是秦始皇兵马俑坑中数量最多的兵俑，手中所执兵器有戈、矛、戟、铍、殳和弓弩。该俑体形匀称，披挂铠甲，脚蹬前端向上翘起的战靴，作手持兵器状，整装待发，体现秦国将士勇猛善战的气势。

陶铠甲武士俑

秦代
通高 180 厘米，最宽处 67 厘米
陕西省西安市临潼区秦始皇兵马俑一号坑出土
秦始皇帝陵博物院藏

铠甲是当时秦军装备的主流，反映出秦人高超的铠甲编缀和制造技术，是研究秦国防护装备的珍贵资料。秦俑所穿甲衣因兵种和职位的不同而有不同样式，铠甲武士俑分布于军阵中部，铠甲结实便捷，能有效发挥战斗力，减少士兵损伤。

青铜矛

秦代
通长 17.5 厘米，叶长 11.9 厘米、宽 3.6 厘米，口径 2.2×2.8 厘米
2005 年陕西省西安市临潼区秦始皇兵马俑二号坑出土
秦始皇帝陵博物院藏

秦始皇兵马俑陪葬坑出土的兵器绝大多数用青铜制成，青铜的铜锡配比、宽窄、厚薄都有严格的技术标准，表面经过镀铬处理，更有韧性，不易生锈。标准化制造的兵器，便于秦军在战场上更换零部件，也体现出秦国当时已经有针对兵器制造的专业化标准，通过军工管理制度在全国推行，批量生产，保证军士使用的都是当时最优质的兵器。矛是格斗兵器中的长兵器，为纯粹的刺兵，“砍伤，刺死”，因此，矛虽然制作简单，但杀伤力非常大。

铜弩机

秦代
通长 15.6 厘米，悬刀 10.5×2.1×0.9 厘米，望山 8 厘米，牙 4.4 厘米，牛 5.7 厘米
陕西省西安市临潼区秦始皇兵马俑一号坑出土
秦始皇帝陵博物院藏

弩机为古战场上的远射兵器。“弩者，怒也，言其声势威响如怒，故以名其弩也。”秦弩源于弓，威力又远远大于弓，秦弩设计精密，有减震与瞄准装置，有效提高了射击的稳定性和精准度。秦弩是小型兵器，实现了单兵化，由国家统一标准化督造，在军队中广泛普及。秦国庞大的弩阵，射程远，杀伤力强，是秦始皇抵御匈奴、一统六国的重要力量。

铜镞

秦代
长 11.3—16.3 厘米
陕西省西安市临潼区秦始皇兵马俑二号坑出土
秦始皇帝陵博物院藏

箭镞与弓、弩配合使用，是古战场上的远射兵器。箭矢结构上分为箭镞、箭杆、箭羽，镞即箭头，秦镞小而轻捷，应声而至。苏秦在《过秦论》中说："秦无亡矢遗镞之费，而天下诸侯已困矣。"秦国不费一支箭一个箭头就破坏了六国合纵盟约，侧面反映出箭镞在战国时期是数量众多、极为平常的兵器，在秦国武备力量中具有重要地位。秦始皇兵马俑坑中出土最多的兵器就是青铜镞，几乎都是三棱形的流线型箭头，有利于降低气流阻力，保证射击的精准度。历经两千年都锋利如初，光亮如新，再一次佐证了秦国青铜兵器制造技术的高超。

回纹方地砖

秦代
边长 31.4 厘米
2005 年陕西省咸阳宫殿遗址出土
陕西省考古研究院藏

咸阳城始建于公元前 350 年，前 221 年秦统一六国后，迁天下富豪移居于此，与秦帝国地位相称的巨大都市逐渐成形。秦代陶砖分砌墙用的条形空心砖和铺设地面的方地砖两种，该回纹方地砖出自陕西咸阳宫殿遗址，饰有几何图案，形端方而纹曲折，一砖半瓦都体现了首都的气度。

联珠纹瓦当

秦代
直径 16.6 厘米
1993 年陕西省秦雍城遗址出土
陕西省考古研究院藏

秦雍城是秦国在春秋及战国初期的国都，自秦德公元年（前 677 年）至献公二年（前 383 年），一直是秦国政治、军事、经济、文化的中心。秦献公迁都栎阳后，雍城仍是秦宗庙所在地，许多重要的祭祀典礼在此举行。雍城遗址中分布着规模巨大的城垣、宫殿、陵园和手工作坊，出土的瓦当数量众多，种类丰富。连珠纹瓦当当面中心为凸乳丁，乳丁外饰有凸弦纹一周，内饰一周联珠纹，双线界格不穿过当心圆，将当面分为四区，每区内饰云纹一朵。

动物纹瓦当

秦代
直径 15.5 厘米
1993 年陕西省凤翔县豆腐村制陶作坊遗址出土
陕西省考古研究院藏

该遗址位于雍城的西北方，在此出土了许多变形或破损的早期秦代筒瓦，应为秦都雍城的制陶作坊区。秦国早期宫殿使用怎样的瓦当现在已不可知，而在此出土的众多瓦当作为那个时代建筑构建的缩影，为我们遐想秦国早期国都的风貌提供了线索。展览展出的这件动物纹瓦当当面饰有虎食猪纹和鱼纹，画面动感十足，风格粗犷质朴，展示出当时瓦当的制作工艺和艺术审美。

铜诏铁权

秦代
高 19 厘米，直径 25 厘米，重 31.6 千克
1983 年甘肃省天水市秦城区出土
甘肃省博物馆藏

“六王毕，四海一。”秦统一大业完成后，为了加强中央集权，统一了度量衡单位、车轨的尺寸以及文字，《史记·秦始皇本纪》记载：“一法度衡石丈尺，车同轨，书同文字。”权相当于今天的“秤砣”或“砝码”，是秦统一重量单位的实物证明。秦权是秦官府批准的标准砝码，所嵌铜诏版上篆刻的是秦始皇二十六年为统一度量衡标准而颁发的诏书，许多秦权、秦量上都有类似文字，内容为：“廿六年，皇帝尽并兼天下诸侯，黔首大安，立号为‘皇帝’。乃诏丞相状、绾，法度量，则不壹、歉疑者，皆明壹之。”

秦诏陶量

秦代
高 9.3 厘米，口径 20.5 厘米，底径 17.7 厘米
1963 年山东省邹城纪王城出土
山东博物馆藏

此陶量腹部戳印有篆书印文，与本次展览中的铜诏铁权一样，为秦始皇二十六年统一度量衡的诏书。陶量是官府颁发的标准量器，是秦统一容量单位的见证，这样的标准器由朝廷制作，分发到各郡县。经实测，该陶量容积为 2000 毫升，按秦量制计算当合一斗。此陶量内底戳印“驺”字两个，口沿戳以“马”。秦兼并六国后，文字的混乱对法令的颁布与执行极为不利，铁权和陶量上的文字都是小篆，即秦始皇“书同文字”所采用的字体，同样见证了秦王朝建立初期文字的统一。

“半两”铜钱

秦代
外径 3.3—3.45 厘米
征集
西安博物院藏

秦始皇改革货币政策，下令废除六国旧币，以秦币半两钱为基础，建立新的货币制度。《史记》记载：“及至秦，分一国之币为三等。黄金以镒为名，为上币；铜钱识曰半两，重如其文，为下币；而珠玉、龟贝、银锡之属为器饰宝藏，不为币。”秦半两钱方孔圆形，逐渐成为中国制钱的规定模式。秦始皇对货币的质、量、形、用有明确规定，并集中了货币铸造权，严禁私人铸币，巩固了国家的铸币权和发行权。

金饼

西汉

直径 5.67—6.6 厘米，厚 0.82—1.64 厘米

1999 年陕西省西安市未央区谭家乡东十里铺村出土

西安博物院藏

这 10 枚西汉金饼出土于西安市东十里铺村，同时出土的金饼有 219 枚。金饼一般不作流通使用，是用于帝王赏赐、馈赠及大宗交易的上币，汉代诸侯王墓常以金饼随葬。《史记》记载皇帝赏赐卫青黄金，有“赏赐数日间累千金”，“大将军既还，赐千金”，动辄千金，足见当时的赏金之丰厚。金饼的形制基本一致，圆饼形，面微凸，底部内凹，凹陷处有“V”及“千”戳印，刻划“吉”“阳城”等楷书铭文。西汉诸侯国每年要向皇帝缴纳黄金，即“酎金”，沿用秦朝“物勒工名，以考其诚”的办法，保证黄金足量、足色。

青铜尺

汉代
长 16 厘米，宽 1.2 厘米
1956 年甘肃酒泉下河清农场出土
甘肃省博物馆藏

度量衡器在秦初统一，汉承秦制，在东汉王莽时期出现变革。两汉时期日常用尺主要有铜、骨、木等材质，其装饰具有时代与地域性差异。这把汉代的青铜尺呈长方形，刻度已不可见，一端有圆形的系孔，应为实用器具。

“楚中尉印”封泥

汉代
高 1.1 厘米，印文长 3.1 厘米、宽 2.5 厘米
1995 年江苏省徐州市狮子山楚王墓出土
徐州博物馆藏

戳印封泥是一种防止私拆封发物件的方式。秦汉时期，文书用刀刻或用漆写在竹简或木札上，封发时用绳捆扎，并在打结处封胶泥并在胶泥上打玺印。这种钤有印章的土块称为“封泥”。王国维《简牍检署考》云：“古人以泥封书，虽散见于载籍，然至后世其制久废，几不知有此事实。……封泥之出土，不过百年内之事，当时或以为印范。及吴式芬之《封泥考略》出，始定为封泥。”依古制，官吏去官，须将原官印上交销毁，存世古官印绝大多数是为殉葬而仿制的明器。而封泥上有用印的遗迹，对研究古代印章具有不容忽视的学术价值。徐州一带的楚王墓出土了大批楚国的官印和封泥，这批材料对了解汉代王国官职名称和官制有着重要意义。

《汉书》说王国的“宫室百官，同制京师”，西汉中央掌管军事的是太尉，王国则为中尉。《史记·淮阴侯列传》中说，韩信封楚王后，“召辱己之少年令出胯下者以为楚中尉”。此官职在中央负责都城的治安，在王国则是军队的主管，是十分重要的武官官职。

“楚太仓印”封泥

汉代
高 0.8 厘米，印文长 2.6 厘米、宽 3 厘米
1995 年江苏省徐州市狮子山楚王墓出土
徐州博物馆藏

太仓是专门用于储藏粮食的仓库，此封泥的用印者是管理粮仓的官吏。

“关内侯印”金印

汉代
通高 2.2 厘米，印面边长 2.4 厘米
1958 年湖北省云梦县吴铺乡赵许村采集
湖北省博物馆藏

“关内侯”为爵名，属世袭爵位，战国时秦国始置，盛于两汉，止于三国。商鞅变法，实行二十等爵制。汉承秦制，亦为二十等爵。“关内侯”是秦汉二十等爵位中第十九等，有封号和土地食邑，却没有在封地上行使军政的权力。汉高祖刘邦立国后，“非刘姓不得封王，非军功不得封侯”，因此关内侯一般是对军功将领的奖励。

“楚都尉印”龟钮银印

西汉
通高 1.8 厘米，印面边长 2.2 厘米
1995 年江苏省徐州市狮子山楚王墓出土
徐州博物馆藏

汉代领兵出征的高级武官有将军和都尉，都尉的级别低于将军，因此将军用金印，都尉用银印。

印章（一组 6 枚）

这组印章均出土于徐州狮子山楚王墓，桥形钮，部分钮已残，印台近方形，印文为篆书。

“楚司马印”铜印

西汉
通高 1.6 厘米，印面边长 2.1 厘米
1995 年江苏省徐州市狮子山楚王墓出土
徐州博物馆藏

“司马”始设于殷商时期，原为专门负责马匹的官职。汉代司马主武，在诸侯王国是军中地位较低的直接统兵之官。

“楚侯之印”铜印

西汉
通高 1.6 厘米，印面边长 2.2 厘米
1995 年江苏省徐州市狮子山楚王墓出土
徐州博物馆藏

“楚侯”为楚国军队中直接统兵之官，地位较低。狮子山楚王墓出土了近百方“楚侯之印”，表明楚国当时拥有雄厚的军事力量。

“楚骑千人”铜印

西汉
通高 1.6 厘米，印面边长 2.2 厘米
1995 年江苏省徐州市狮子山楚王墓出土
徐州博物馆藏

“骑千人”为楚国军队中直接统兵之官，地位较低。

“楚太史印”铜印

西汉
通高 0.8 厘米，印面边长 2.2 厘米
1995 年江苏省徐州市狮子山楚王墓出土
徐州博物馆藏

“楚太史”是楚国宫廷官职，掌管典礼，起草重要文告、文件，管理制禄、礼制等。

“楚永巷印”铜印

西汉
通高 0.7 厘米，印面边长 2.1 厘米
1995 年江苏省徐州市狮子山楚王墓出土
徐州博物馆藏

“楚永巷印”的封泥在土山汉墓封土中亦有发现。永巷是楚国内宫，为楚王姬妾、妇人所居之处。

“楚御府印”铜印

西汉
通高 0.8 厘米，印面边长 2.2 厘米
1995 年江苏省徐州市狮子山楚王墓出土
徐州博物馆藏

“御府”是放置楚王钱帛、服具之所，“楚御府”为楚国宫廷官职，掌管服饰器用。

陶跽坐驭手俑

西汉
高 28 厘米，宽 18 厘米
1984 年江苏省徐州市狮子山出土
徐州博物馆藏

汉王朝北征匈奴，凿空西域，建立起坚实的皇朝体制，使统一的多民族国家达到鼎盛。秦兵马俑坑的墓葬形式在汉代得到传承，汉代陶俑比秦俑小，也有彩绘。展览展出的汉兵马俑是守卫楚王陵的部队，反映了楚王国的经济、军事情况。

跽坐驭手俑直腰端坐，状似左手握缰绳，右手持鞭作驭车状。这种陶俑与秦始皇陵二号铜车马上的驭手俑形象非常相似，应为战车上的驭手俑。俑的头部和身躯分开烧制，原有彩绘已全部脱落。

陶跽坐甲胄俑

西汉
高 25 厘米，宽 18 厘米
1984 年江苏省徐州市狮子山出土
徐州博物馆藏

俑跽坐姿，头戴风字胄，胄檐垂至双肩，仅露出面部。胄的形制与狮子山楚王墓中出土的铁胄相同。左手握而中空，右手作抓握状，原应持兵器。从造型特点看应是车兵中弓弩手的形象。

陶执兵俑

西汉
高 42 厘米，宽 14 厘米
1984 年江苏省徐州市狮子山出土
徐州博物馆藏

俑立姿，戴帻，上穿双层紧袖长襦，下着长裤，扎行縢，脚蹬圆头平底靴。双手拱执于胸前，拳心有上下贯通的圆形孔，原应执有长械。这类陶俑有的背负箭箙，属步兵俑。

陶马

西汉
高 65 厘米，长 67 厘米，宽 20 厘米
1984 年江苏省徐州市羊龟山出土
徐州博物馆藏

羊龟山陪葬坑共出土 4 匹陶马，与狮子山兵马俑坑出土的陶马形制几乎相同。陶马形体健壮，额头上的鬃毛呈圆形，双目突出，尖耳直竖，双唇微合，唇后端有一贯穿两侧的圆孔，应为装马衔处。马颈部剪鬃，臀部浑圆，身下部两端各做成椭圆形平台，以便粘接马腿。马尾下垂，梢部挽结。整匹马为分模制作，马体各部件烧制后，再进行粘接、涂彩。

金镈金冒铜戈

西汉
戈通长 22.3 厘米，金冒通长 9.3 厘米，镦通长 11.9 厘米，銎径 3 厘米，重约 400 克
1979 年山东省淄博市临淄大武乡齐王墓五号随葬坑出土
淄博市博物馆藏

铜戈长胡三穿，援微曲上扬，内上近胡处贯穿一筒形金抐，銎如杏仁状，金冒顶端饰一只回首鹦鹉。筒状云纹金镈，上端銎如杏仁状，下端较细，为真金铸造。镈中下部饰四周凸弦纹和卷云纹。

戈为古代战场上常用的兵器，但从该件铜戈的材质和制作工艺来看，当属汉初齐王室仪仗器具。其造型优雅，装饰豪华，别具一格，是不可多得的铜、金复合经典之作，展现了齐国发达的金器细工工艺。

玉具铁剑

西汉
剑长 105.8 厘米，宽 5.2 厘米
1968 年河北省满城汉墓（M1）出土
河北博物院藏

用玉来装饰剑柄和剑鞘的剑，称作玉具剑。玉具剑上的玉饰包括剑首、剑格、剑璏、剑珌。此剑是我国最早发现的玉饰齐备的汉代玉具剑。

导车画像砖

东汉
长 44.5 厘米，宽 39 厘米，高 5.9 厘米
1972 年四川省大邑县安仁镇出土
四川博物院藏

秦汉时期制车技术发展成熟，并形成了较完备的车马礼仪文化。车马是汉代的重要交通工具，此砖画面为一幅汉代官吏出行图，图上一马挽一辆有盖轺车，车上二人着冠，左为吏人，右为御者。前有二骑，背带弩弓，佩箭箙，骑上立麾幢，上端一骑，荷长矛，下端一骑，持棨戟。轺车右侧一步卒持棨戟，徒步跟随。

单阙画像砖

东汉
长 48 厘米，宽 40 厘米，高 6.3 厘米
1956 年四川省成都市跳蹬河出土
四川博物院藏

此砖描绘了一重檐单阙，阙檐两端各系一顽猴。阙身两旁各立一人，作迎候状，戴冠着袍，左一人持棨戟，右一人捧盾。汉代画像砖里以“阙”为主题的，一般砌在近墓门处的位置，象征墓主人生前的大门，显示墓主人的地位，也是“升天之门”。

四骑吏画像砖

东汉
长 39.1 厘米，宽 24.3 厘米，高 6.8 厘米
1953 年四川省德阳市柏隆乡出土
四川博物院藏

汉代中央指令经郡级政权至地县，政令无所不包，实际行政运作过程中离不开各级吏的作用。四骑吏画像砖刻画了正在纵马奔驰中的四吏，仪仗旗帜随马飞奔而飘动，可能正被派遣巡行处置一些重要政务。

“熹平石经”残石

东汉
高 20 厘米，宽 12 厘米，厚 6 厘米
河南省洛阳市太学遗址出土
河南博物院藏

残石上刻早已失传的儒家经典《乐经》经文。“熹平石经”是中国历史上最早的官定儒家经本，为书法家蔡邕用标准的八分隶书体写成，故又被称为“一体石经”，原立于洛阳城南的开阳门外太学讲堂前——今河南偃师，开创了我国历代石经的先河，其集汉隶之大成，在当时被奉为书法的典范，对后世书法的发展影响深远。

《仪礼》木简

东汉
长 35—36 厘米，宽 0.8 厘米，
厚 0.28 厘米
1959 年甘肃省武威市磨咀子出土
甘肃省博物馆藏

这十枚简为《仪礼》简甲本《服传》一篇中的部分内容，共 577 字，隶书书写，有束痕四道，简背面均有页数号，内容是“丧服制度”。该简保存了原书的篇题、尾题、标号、页码、顺序等，为汉代简册制度的研究提供了珍贵的实物资料。

本简共三本，469 枚。其内容分别为《士相见》《服传》《特牲》《少牢》《有司》《燕礼》《泰射》，书写工整秀丽，是汉代墨写隶书的上品。

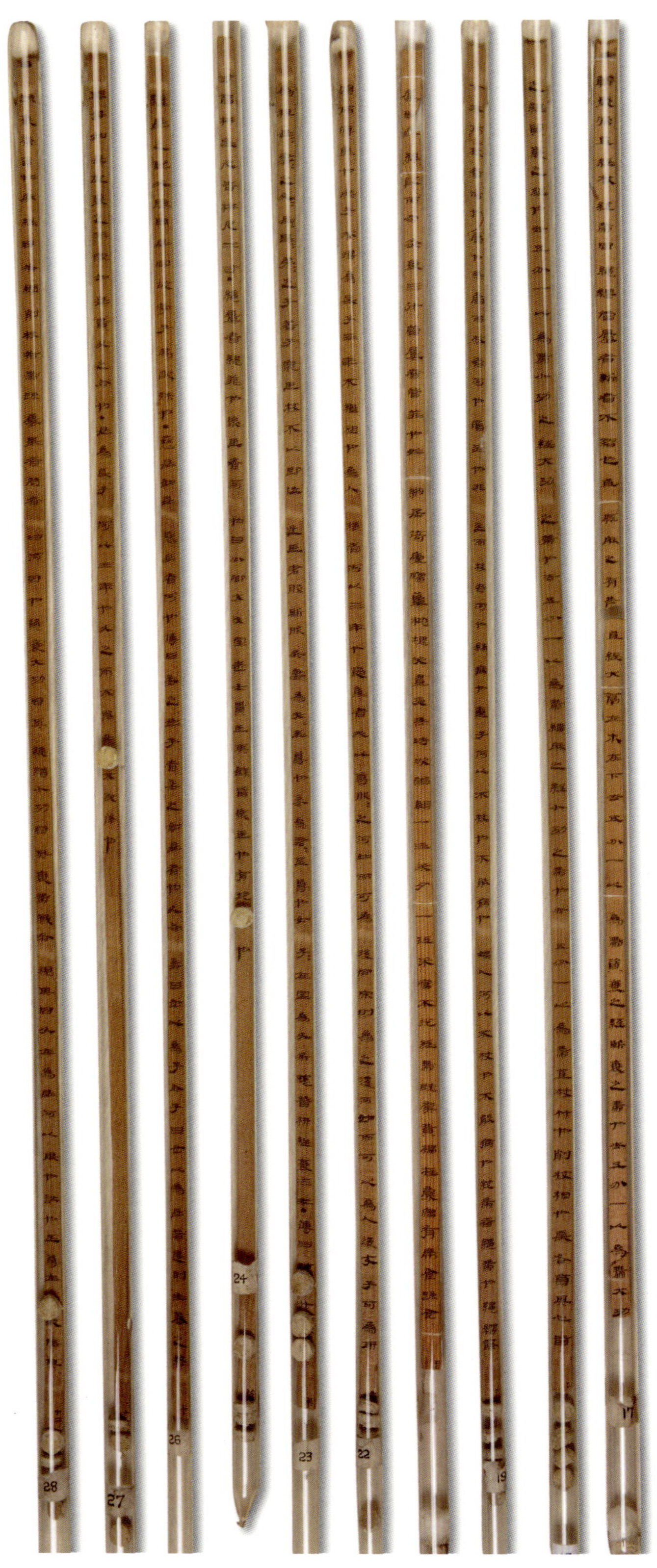

“文帝行玺”龙钮金印

西汉
长 3.1 厘米，宽 3 厘米，通高 1.8 厘米，台高 0.6 厘米
1983 年广东省广州市象岗山西汉南越王墓出土
西汉南越王博物馆藏

方形，龙钮，出土时位于墓主人胸部，印面阴刻篆书“文帝行玺”四字。印钮为象征皇权的游龙，盘曲成“S”形，龙腰隆起可以用来系印绶。出土时印台的四壁留有不少碰撞的疤痕与划伤，并黏附有暗红色的印泥，说明是墓主人生前的实用印。

“行玺”是发布诏命所用的印信，“文帝”之称，盘龙印钮，超规格尺寸，体现出南越国对汉天子的僭越和两者间的微妙关系。

第二单元

汉宫笙歌

历经秦朝末年数年的战乱，汉高祖刘邦终于在楚汉战争中获胜，创建西汉王朝。经过数十年的休养生息，经济逐渐繁荣，文帝和景帝时，农业和手工业均得到较大发展，仓廪充实，人民安居乐业，西汉国力增强，出现“文景之治”，武帝时期国力达到鼎盛。秦汉时期天下一统，兵强马壮，社会物质充裕，市场活跃，文化发达。汉朝物质极大丰富，王朝内部呈现一派歌舞升平的盛世气象。大汉王朝的富强为上层统治阶层的优渥生活提供了全方位的保障，皇室、王侯及各级贵族过着奢华的生活。考古出土的大量文物其内涵之丰富、工艺之精湛往往超乎我们的想象。各种粮仓展现了当时农业的丰收景象，各种青铜、鎏金青铜、错金银生活用器，以及玉质酒器、漆器尽显皇室贵族生活的极致优雅和奢华，鸡鸭鱼肉和美酒成为王侯贵族的日常饮食，各种乐舞俑以及百戏俑再现了汉代王公贵族灯光摇曳、熏香袅袅、珍馐满案、美酒飘香的奢华生活。也显示了王朝的富强、物质的充裕、市场的活跃和文化的发达，反映了汉代物质文化的高度繁荣。

带圈陶屋

西汉

高 34 厘米，长 27.5 厘米

1971 年广西壮族自治区合浦县望牛岭 1 号墓出土

广西壮族自治区博物馆藏

随葬明器。陶屋为上下两层，上层为人居住，设门、镂窗；下层为猪圈，内有五头大小不一的陶猪，后壁右下方镂一圆形孔洞，为牲畜出入的门洞。外墙皆刻梁柱和斗拱纹。

汉代的养殖业发达，养猪已遍及社会各阶层。该模型是当地汉代时生活居住方式的真实写照。

陶水塘模型

东汉
高 9.9 厘米，长 63.3 厘米，宽 41.2 厘米
四川省成都市天回山 3 号崖墓出土
四川博物院藏

随葬明器。塘中有闸，分塘为二，闸中有流水道，沟通二塘水量。水道两侧各有鱼一，翅涂朱。右端塘内有两只鸭、一条尖条形船、荷叶、菱花等。汉代相信人死后灵魂还会在另一个世界像活人一样继续生活，故“事死如事生”，不但尽量将活着的时候所用的工具、物品纳入墓中，甚至将军队、侍从、房屋、田地、家禽、牲畜等也制成模型，作为明器随葬，墓葬出土文物正是当时社会的缩影。

杂技舞乐画像砖

东汉
长 44.7 厘米，宽 38 厘米，高 6 厘米
1972 年四川省大邑县安仁镇出土
四川博物院藏

汉代画像砖，是装饰在墓葬等古建筑上的一种模制、模印、雕刻和彩绘的画像砖。题材多样，内容丰富。

此画像砖，与细腰女伎相对应的手执鼗鼓的男伎，神态诙谐、夸张、生动而传神。左侧有人为杂技歌舞伴奏，整个画面充满热烈的气氛。用简朴的浮雕，准确刻画出人物形象，古朴中见灵巧，线条遒劲，勾勒熟练，富于起伏。表现了汉代丰富多彩的社会生活，是研究当时社会的最可靠实物资料。

七盘舞画像砖

东汉
长 48 厘米，宽 28.5 厘米，高 6 厘米
1956 年四川省彭州市太平乡出土
四川博物院藏

此画像砖展现的七盘舞又称盘舞、盘鼓舞，是中国古代的一种舞蹈。在汉代，舞时将盘、鼓覆置于地上。盘、鼓数目不等，按表演者技艺高低而定。该砖画面是把七个盘和鼓置于地上，舞人在盘、鼓之上或者围绕盘、鼓进行表演。该画面上左为 12 案重叠，一梳双髻女子于案上表演“反弓”。右边一人表演“跳丸”，丸数三枚。中间一双髻女子手持长巾，踏鼓起舞，舞者足下倒覆七盘。画像砖上的女子体态轻盈，其长袖及裙带飘拂，有如游龙之美，其精致可见一斑。

陶击磬俑

西汉
高 32 厘米
1989—1990 年江苏省徐州市驮篮山楚王墓出土
徐州博物馆藏

随葬明器。乐俑的造型与抚瑟俑基本相同，唯双手手势不同。双手均半握拳，拳心中空，右手上举，左手略低，可能原握有木槌，作击磬或编钟状。

陶吹奏俑

西汉
高 34.5 厘米
1989—1990 年江苏省徐州市
驮篮山楚王墓出土
徐州博物馆藏

随葬明器。俑为跽坐姿势，同出的乐器有排箫和笙管。其双手虽然缺失，根据出土的乐器，可以知道其手中应举有乐器作吹奏状，表现的是楚王宫廷的乐师形象。

陶抚瑟俑及瑟

西汉
俑高 33 厘米，宽 26 厘米；瑟长 54 厘米，宽 14 厘米
1989—1990 年江苏省徐州市驮篮山楚王墓出土
徐州博物馆藏

随葬明器。陶瑟与抚瑟俑同出。抚瑟俑头发后挽垂髻，身着右衽曲裾深衣，左手作抚弦状，右手作弹拨状。陶瑟中空，首部有 25 个弦孔，尾部有 4 个弦枘，枘有半球形帽，其内侧有外、中、内 3 条尾岳。

瑟，是中国传统拨弦乐器，有 25 根弦。最早的瑟有五十弦，故又称“五十弦”。汉初随着各民族文化的交融及中外文化交流的增多，汉代乐器的数量、质量、种类等都有了新的突破和发展，音乐活动在汉代社会文化生活中占据重要地位。

陶曲裾衣舞俑

西汉
高 49 厘米，宽 22 厘米
1989—1990 年江苏省徐州市驮篮山楚王墓出土
徐州博物馆藏

随葬明器。舞俑为头、身分制，颈下端有圆锥形插榫，可插入体腔的空洞内。舞俑原施有彩绘，出土时彩绘鲜明，现已大部剥落。陶舞俑顶发中分，脑后垂髻，身着右衽曳地长袍，右臂高高上举，长长的衣袖如瀑布似的垂落，双腿微微前曲，好似一个舞蹈结束后的施礼动作，舞姿轻盈，潇洒飘逸。反映出汉代工匠高超的审美情趣和炉火纯青的雕塑技艺，该俑表现的应是当时楚王宫舞者的形象。

陶绕襟衣舞俑

西汉
高 45 厘米，宽 42 厘米
1989—1990 年江苏省徐州市驮篮山楚王墓出土
徐州博物馆藏

随葬明器。陶舞俑身着绕襟深衣，顶发中分，于脑后挽成发髻，身姿娇柔，随着舞步的变化呈现出“S”形，两只长袖随舞步变化而一前一后抛甩，动感十足。

汉代继承和发扬了“楚舞”折腰、舞袖的风格，墓葬中的长袖舞人形象很常见，既有陶舞人俑，又有玉舞人。北洞山楚王墓出土有 20 件类似的舞俑，这样的绕襟衣陶舞俑在其他地区未见出土，是了解西汉早期舞蹈造型的重要实物资料，弥足珍贵。

鎏金羊形铜灯

西汉
高 21.8 厘米，长 27.4 厘米，宽 11.1 厘米
1982 年陕西省凤翔县出土
西安博物院藏

照明用具。通体鎏金。羊的腹腔中空，用来储放灯油，羊背可以向上掀开，成为一凹弧椭圆形的灯盘，平放在羊头上，灯盘设有小流嘴，以便放置灯捻。熄灯时，灯盘内剩余的油可顺小流嘴倒入羊腹腔内，灯盘扣回羊背上，恢复为卧羊状。形态自然，稳重古朴。这件鎏金羊形灯的设计将实用性、观念性和艺术性巧妙地融为一体。与此灯形状、大小相同的鎏金羊形灯在河北省满城中山王刘胜墓中也出土过一件，可见，这种形制的铜灯在汉代只有诸侯王等贵族才能使用。

鎏金涂银俳优俑铜镇

西汉
高 7.8 厘米，底长 5.5 厘米，宽 5.1 厘米
2010 年江苏省盱眙县大云山汉墓出土
南京博物院藏

汉代人们通常席地而坐，铜镇是压席子四角的生活用具。俑均高髻，戴圆帽，着云纹右衽衫，大眼，高颧骨，尖下巴，张嘴嘻笑，脸部表情丰富滑稽。作跽坐状，左手扶膝，右手上扬。通体以鎏金银技法绘饰器表，制作精致。

人形青铜镇表现俳优艺人说唱的形象，造型奇特，极富艺术想象力。

豹纹漆扁壶

西汉
通高 38.5 厘米，长 57 厘米，宽 13.5 厘米
1975 年湖北省荆州市凤凰山 168 号墓出土
荆州博物馆藏

扁壶木胎，器内壁髹红漆，器表以黑漆为地，两侧肩部各饰一个青铜铺首衔环，以便穿绳提拿或携带，其造型可能从游牧民族盛水的皮囊演变而来。

盖顶中心绘神豹一只，正、背面各绘神豹三只，姿态各异，凶猛而矫健，其间绘有鸟纹、云纹和圆圈纹。其中位于壶壁右下角的花豹正奋力追捕一头企图逃跑的獐鹿。西汉王侯贵族有驯养豹子的风气。豹子是西汉墓葬随葬品中常见的形象。

漆奁

西汉
高 11.5 厘米，长 29.6 厘米，宽 12 厘米
1975 年湖北省荆州市凤凰山 168 号墓出土
荆州博物馆藏

卷木胎，出土时奁内装有 12 根竹签和 2 块竹片，盖内及外底各刻一“仁”字。器内髹红漆，器表髹黑漆为地，朱彩绘云气纹、鱼纹等纹饰，色泽艳丽，线条流畅，展现了汉代高超的漆器工艺。

髹漆陶瓮

西汉
通高 34.8 厘米，口径 12.6 厘米
2000 年湖北省荆州市高台 5 号墓出土
荆州博物馆藏

陶胎外髹黑漆，内髹红漆。器表自上而下由八道粗红线分割成七个纹饰带，用红朱彩绘卷云纹、几何形云纹、变形凤鸟纹等，整器图案色泽鲜艳，线条流畅，纹样繁缛而又变化多端。

该墓共出土漆绘陶瓮 2 件，形制、大小、彩绘纹饰等相同。

鎏金银嵌宝石铜骰

西汉
直径 2.2 厘米
1968 年河北省满城汉墓（M2）出土
河北博物院藏

十八面行酒令青铜骰子。共 18 个切削面，分别用篆书错写“一”至“十六”以及“酒来”“骄”字。在各面孔隙间，用金丝错出三角卷云纹，中心镶嵌绿松石或红玛瑙。

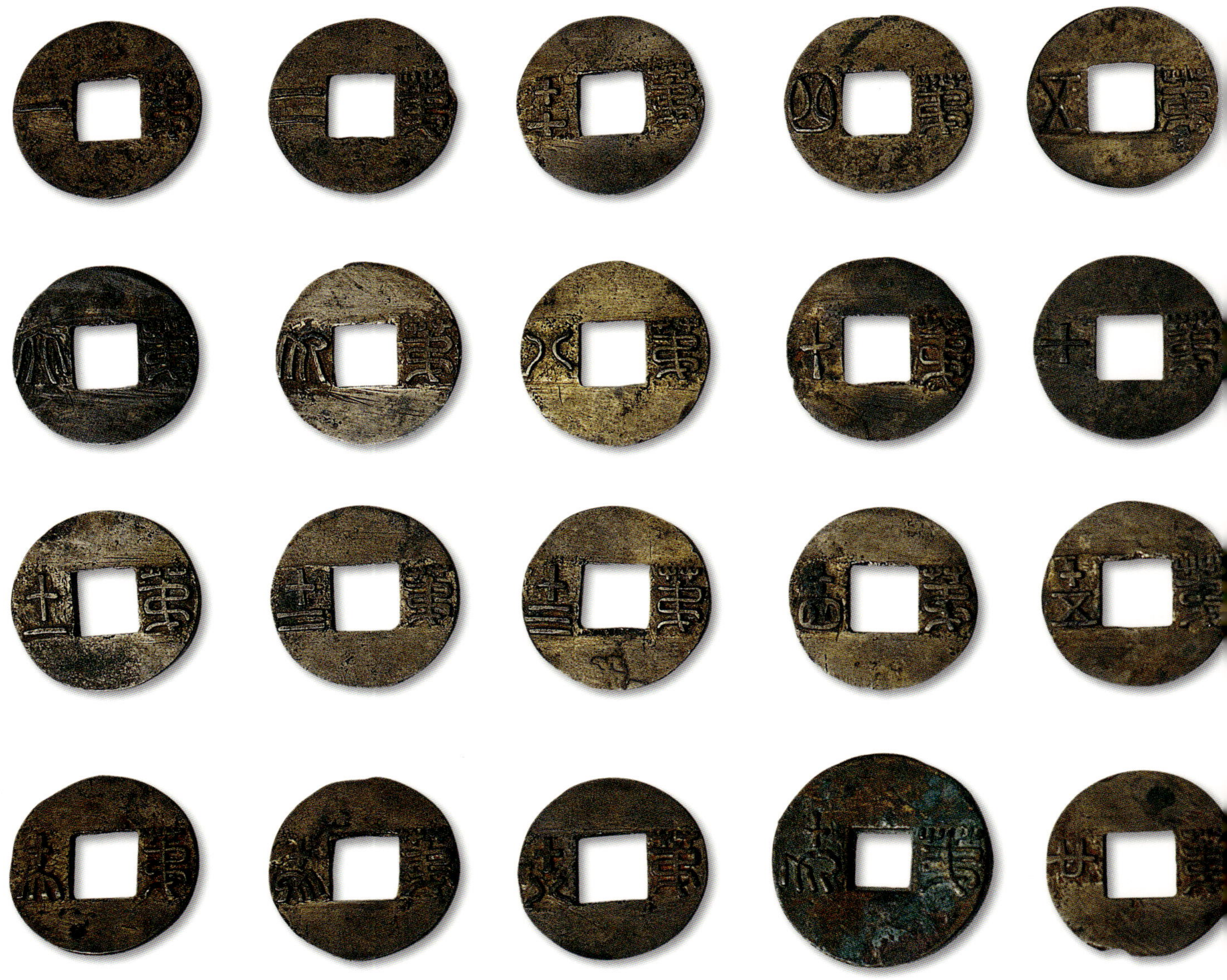

青铜“宫中行乐钱”（1套40枚）

西汉
直径2.2厘米
1968年河北省满城汉墓（M2）出土
河北博物院藏

西汉早期所铸的酒令筹码钱，此种钱币专供王公贵族行乐之用，不作为当时的流通货币。

宫中行乐钱与鎏金银嵌宝石青铜骰同出，共40枚，钱皆方孔无廓，其中20枚铸序数从“第一”到“第廿”；另有二十枚上有阳文韵语，内容与铜骰相近。就目前而言，“宫中行乐钱”较为罕见，尤其是酒筹钱更加难得，是研究西汉贵族生活、制度和民情民俗的宝贵实物资料。

鎏金铜樽

西汉
通高 13.34 厘米，直径 13.8 厘米
2003 年陕西省西安市雁塔区芙蓉园出土
西安博物院藏

盛酒器。盖面和器壁满饰云气纹，其间有牛、羊和瑞兽，均錾刻而成，所有纹饰间隙处鎏金。盖内面、器腹、内底饰彩绘凤鸟及云气纹图案，器外底饰红底墨绘凤鸟云气纹。器内及底部彩绘图案当为随葬前所绘。

此樽形制属筩形樽，是汉代特有的樽形，作为酒器，其内不应有彩绘纹饰。樽内和底部彩绘图案当为随葬前所绘。

错金银嵌宝石鸟柄铜汲酒器

西汉
高 36.2 厘米，底径 6.5 厘米
2010 年江苏省盱眙县大云山汉墓出土
南京博物院藏

器通体鎏金，顶端饰一鸠，底部中心与顶端中心各饰一穿孔，上下贯通，利用虹吸原理，借助于器内水压和器外气压的共同作用调节酒量。这件汲酒器无论是做工的精美程度还是人体工程学方面的造诣，都超出同时代同类器物之上，体现了西汉工匠高超的工艺水平。

鎏金银蟠龙纹铜壶

西汉
高 59.5 厘米，腹径 37 厘米，重 16.25 千克
1968 年河北省满城汉墓（M1）出土
河北博物院藏

盛酒器。壶腹部鎏金，饰 4 条独首双身的金龙，间缀金色卷云纹，龙云蟠绕，光采夺目。底部刻有铭文："楚，大官，糟，容一石□，并重二钧八斤十两，第一。"从铭文可知，此壶是盛酒的器皿，初为楚国所有，后收归朝廷，再后来转赐给中山王刘胜。

该壶巧妙地利用了金银的色差，将构图的复杂和色调的平衡结合得异常完美，展现了西汉登峰造极的青铜装饰工艺水平。

错金银勾连云纹铜钫

西汉
通高 61.5 厘米，口边长 16 厘米，最大腹边长 33.5 厘米，底边长 19.5 厘米
1964 年陕西省西安市出土
西安博物院藏

盛酒器。钫体略呈方形，上腹饰有对称的铺首衔环。在圈足上部内收接腹的弧形面上，有十九字铭文“三月廿日□斤”“私官□□六□□□”和“十八斗半斗”。实测容积 35.4 升。器身表面满布错金银的勾连云纹。这件铜钫的纹饰构思巧妙，设计精心，布局匀称，是一件精美的艺术实用器。埋藏地点在汉代长安城南上林苑遗址范围内。从出土地点和埋藏遗迹来看，这件错金银勾连云纹铜钫应是西汉时期的皇家用品。

漆酒具盒（1套11件）

西汉
高13厘米，长20.5厘米，宽16.8厘米
1975年湖北省荆州市凤凰山168号墓出土
荆州博物馆藏

木胎，由上下两半盒扣合而成。器内髹红漆，外髹黑漆地，用朱、灰等漆绘云纹及变形凤鸟纹。出土时盒内套放漆耳杯10个。耳杯又称“羽觞”，常用作酒器以饮酒，也可用作食器。

嵌宝石鎏金银带钩

西汉
长 18.4 厘米
1983 年广东省广州市象岗山西汉南越王墓出土
西汉南越王博物馆藏

系腰带的挂钩。银带钩侧视呈弓形，通体鎏金。钩体表面有高浮雕纹饰并镶嵌宝石，纹样分三段：第一段为钩首，龙头形，下连卷云纹；第二段位于钩体隆起最高处，纹饰的主体是一龙首，浓眉圆目，双角直竖，两侧有一只高浮雕向前腾跃的飞虎，其下为卷云纹；第三段，由钩体正中至钩末端，其间分嵌三组宝石，当中用卷云纹作隔界，宝石原已缺失。带钩背面有针刺的卷云纹。

虎头金钩扣玉龙带钩

西汉
金钩长 5.9 厘米，最宽 2.6 厘米；玉龙长 11.5 厘米，通宽 6.1 厘米；金钩重 100 克
1983 年广东省广州市象岗山西汉南越王墓出土
西汉南越王博物馆藏

配饰。整器由一玉龙和一虎头金带钩套合而成。龙扁体如“S”形，弓身回首，张口御鳍。两面饰突起涡纹。龙尾原已断折，断口两边各钻三个小孔，可用线联缀。金带钩，钩首、尾均为虎头。钩尾的大虎头额顶凿一“王”字。

雁头金带钩

西汉
长 3.3 厘米，中宽 2.5 厘米，钮径 1.8 厘米
1983 年广东省广州市象岗山西汉南越王墓出土
西汉南越王博物馆藏

系腰带的挂钩。钩体为一长喙雁形，作回首状，长喙突出于体外。双翅合敛，眼睛以细线刻划出，钮柱呈圆柱形。

带钩既是实用品，又是装饰物，所以选材造型、工艺十分考究。

鎏金铜熏炉

西汉
高 14.3 厘米，口径 9.7 厘米
1979 年山东省淄博市临淄区大武乡齐王墓出土
齐文化博物院藏

熏炉也称香炉、熏笼，在熏炉内焚香，透过盖上镂孔，轻烟缭绕，香气四溢，以驱赶蚊虫，祛除湿秽，洁净空气。汉代人流行陪葬熏炉，除了显示墓主人生前高贵的身份和富足的生活之外，也寄寓着让亡者登临仙境的美好祈愿。

同出 2 件，大小、形制相近。盖呈弧形，顶饰一环钮，周围透雕两条盘龙，首尾相接，龙身卷曲盘绕，线条流畅多姿。在足部錾刻铭文“今二斤三两”，余下文字模糊不辨。该熏炉整体造型圆浑典雅，镂雕纹样生动，铸作工艺精美，属同类器中的上乘佳作。

扁圆形陶响器

西汉
直径约 9 厘米，厚约 4 厘米
1983 年广东省广州市象岗山西汉南越王墓出土
西汉南越王博物馆藏

应是乐舞时击拍的用器。同出7件，形态、大小相近，均为扁圆形，中空，内有小砂粒，摇之作响。一面饰放射式篦点纹，另一面饰圆圈印戳印纹。

鱼形陶响器

西汉
长约 12 厘米，头宽约 4.3 厘米，体厚约 2.8 厘米
1983 年广东省广州市象岗山西汉南越王墓出土
西汉南越王博物馆藏

应是乐舞时击拍的用器。同出 9 件，形态、大小相近，均用泥捏为两片，合成空心鱼形烧成，火候较高，胎质坚硬。中空，内有小砂粒，摇之作响。鱼身两面划有鱼眼、嘴和鳃，体上戳印鱼鳞。

陶匏壶

西汉
高 17 厘米，口径 3.5 厘米，腹径 17.2 厘米
1983 年广东省广州市象岗山西汉南越王墓出土
西汉南越王博物馆藏

盛水的容器，也用作明器。匏壶形似匏瓜（葫芦的一种）而得名，为战国至汉代在两广和福建等地流行的壶式之一。全器仿匏瓜造型，上节粗短，下节圆突。肩腹相连处有一对三弦桥耳。腹部施篦纹、绹纹和弦纹。器表用朱墨两色绘云气纹，多已脱失。

“长乐宫器”陶鼎

西汉
口径 10.5 厘米，腹径 22.8 厘米，高 23.5 厘米
1983 年广东省广州市象岗山西汉南越王墓出土
西汉南越王博物馆藏

炊煮器，也用作明器。通体拍印方格地纹加菱形格的戳印纹。顶饰双线半环钮，钮两端贴卷角形钮座。肩部打“长乐宫器”方形戳印。据推测，一起出土的四件陶鼎、陶壶等“长乐宫器”应是南越国长乐宫的用物。

第三单元

不朽来世

汉代人对死亡的态度最精确的概括即是“事死如事生”。上层统治阶层中流行的丧礼葬俗的中心思想之一就是把死人当作生人看待，“谓死为生”，不仅在墓室的形制和结构上模仿现实生活中的房屋，随葬品方面也尽量做到应有尽有，凡是生人所用的器具、物品等，均纳入墓中。或制作大量的人俑随葬，可以在阴间继续保卫或侍奉自己。因而，汉代是厚葬之风盛行的时代，形成了特色鲜明而又内涵丰富的丧葬文化。厚葬之风的盛行表明了汉代人对死后命运的关注。当时的人们认为只要尸体不腐，就可以在阴间继续过生前的美好生活。追求永生就成了王侯贵族最重要的目标。他们把注意力集中在凝聚天地之精的美玉上，坚信玉的防腐功能。正是这种对永生的狂热追求，导致了丧葬用玉的高度发达，由玉棺、玉衣、玉套、玉面罩、玉枕、敛尸玉璧、玉握和玉塞等组成的丧葬用玉便成为汉代统治阶层最具特色的丧葬习俗，贯穿两汉四百余年的时间。

丝缕玉衣

西汉
全长 173 厘米
1983 年广东省广州市象岗山西汉南越王墓出土
西汉南越王博物馆藏

葬具。玉衣由2291块青玉片组合而成，外形与人体形状基本一样。分作头套、上衣、袖筒、腿筒、手套和鞋六部分。分开制便于穿着。其中头、手、鞋的玉片均在片角钻孔，以丝线连缀。其余玉片用麻布衬里，玉片表面再用窄丝带作交叉粘贴。然后用宽丝带沿边作纵横粘连。这是我国迄今所见年代最早的一套形制完备的丝缕玉衣，也是从未见于文献和考古发现的新品种，有很高的历史研究价值。

玉衣是汉代皇帝和高级贵族死后的殓服，文献中又称“玉匣”“玉柙”或“玉椟”，用金属丝或丝线将玉片连缀而成，是我国最具特色的丧葬用玉。

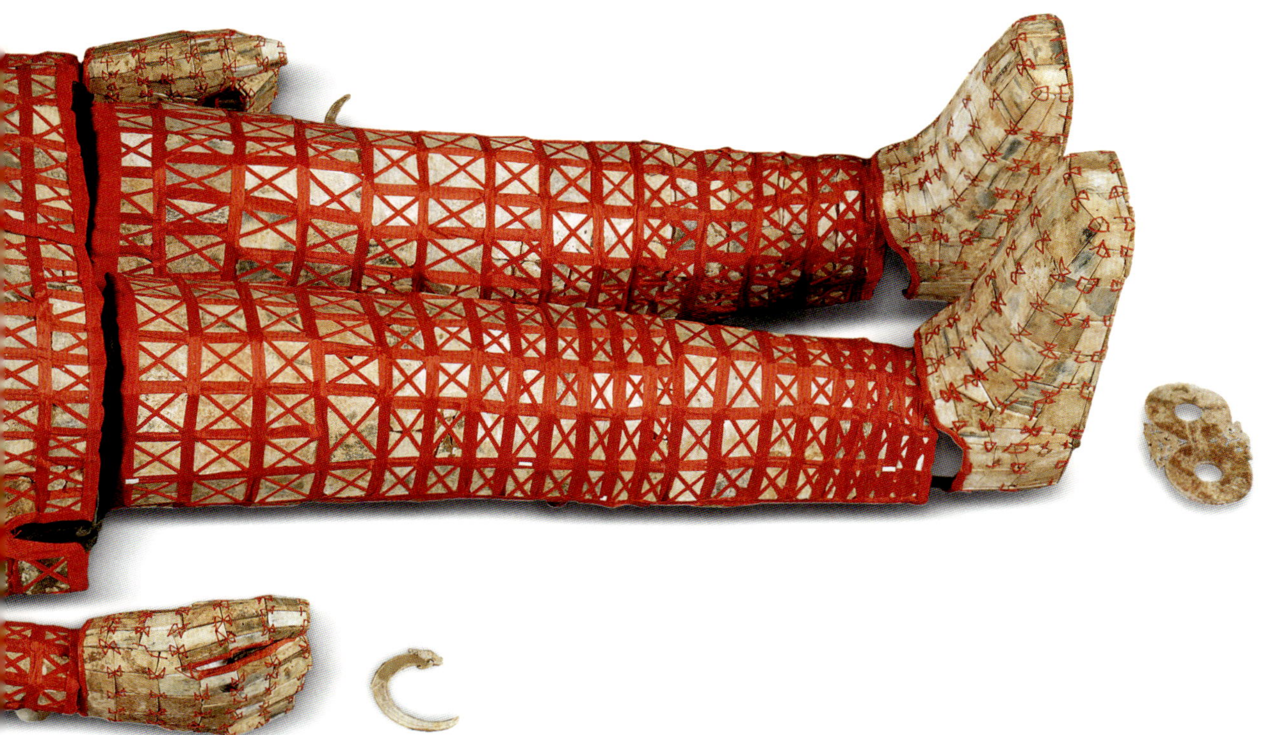

四组双身龙纹玉璧

西汉
直径 28.6 厘米，好径 6.45 厘米，内宽 11.2 厘米，厚 0.6 厘米
1983 年广东省广州市象岗山西汉南越王墓出土
西汉南越王博物馆藏

陪葬的礼器。温润细腻，半透明。纹分二区，用绹纹二周隔开。内区为蒲格涡纹；外区四组双体龙纹。龙纹之间有小圆花相隔。

双连玉璧

西汉
璧径 6.2 厘米，好径 1.95 厘米，通长 12.4 厘米，通宽 7.5 厘米，厚 0.4 厘米
1983 年广东省广州市象岗山西汉南越王墓出土
西汉南越王博物馆藏

陪葬的礼器。形为两璧外切并联，中间的上下均有对称的透雕附饰如座。两璧大小、纹饰相同，肉上饰涡纹，内外缘起斜面突棱。下面附饰为一对透雕凤鸟，展翅相对。上面为卷云纹。

器型完整，钙化严重。一璧边缘钙化，有磕缺；另一璧边缘有小钙化白点。一面有朱砂，另一面有丝织品痕迹。

玉觿

陪葬的礼器。觿是古代的一种解绳工具，汉代人用玉韘和玉觿搭配着穿戴作为装饰。

玉觿

西汉
长 9.5 厘米
1983 年广东省广州市象岗山西汉南越王墓出土
西汉南越王博物馆藏

扁平体，甚薄，雕作细长龙形，正面用减地隐起雕琢，饰卷云纹。背面纹与正面同，但却用阴刻线表示。

玉觿

西汉
直径 7.2 厘米
1983 年广东省广州市象岗山西汉南越王墓出土
西汉南越王博物馆藏

龙形，躯体弯卷如半圆，尾细长如锥。体上阴刻云纹。

龙形玉佩饰

西汉
通长 19 厘米，通高 13.2 厘米，厚 0.6 厘米，
重 240 克
1983 年广东省广州市象岗山西汉南越王墓出土
西汉南越王博物馆藏

陪葬的礼器。镂空成回首弓身卷尾的虬龙。口、爪、尾皆卷成圆孔，背上钻一孔以系绳。躯体阴刻涡纹。头、爪、尾等以单线随形勾勒，线纹粗犷。

鎏金镶玉铜枕

西汉

通高 20.2 厘米，长 41 厘米，枕面高 11 厘米，宽 11.1—11.8 厘米，壁厚 0.5 厘米

1968 年河北省满城汉墓（M2）出土

河北省文物研究所藏

出土于窦绾玉衣的头部之下，出土时枕面还留有明显的丝织品痕迹，枕内装有花椒，与一号墓铜枕情形相同。以鎏金青铜为框，镶嵌玉饰，两端为兽首形。枕面镶嵌长方形玉饰 2 块，分别刻涡纹和蒲纹；两侧嵌长方形玉饰各 1 块，上刻兽面蒲纹；两端各嵌一梯形玉饰，上刻涡纹。枕端兽首的颈部、脑后和额部也分别嵌有玉饰。造型精致，装饰华丽。

玉枕是汉代王侯及高级贵族墓葬中常见的丧葬用玉。诸侯王的玉枕玉质较好，雕琢精美，地位稍低的高级贵族使用的玉枕玉质相对较差。

玉覆面

西汉
长 20 厘米，宽 23 厘米，鼻罩高 2.9 厘米
1996 年山东省长清双乳山西汉济北王陵出土
济南市长清区博物馆藏

用以覆盖死者面部的葬具，古人认为可以防止精气出窍，保证尸体不腐。保存完好，其组合、形状、结构、大小等情况都比较清晰。覆面由额、颐、腮、颊、颌、颏、耳、鼻罩等组合而成，共 18 件，原应用丝线穿缀。西汉时期，玉面罩成为高级贵族的丧葬用器，列侯、诸侯王的庶子等刘氏家族成员，甚至非正常死亡的诸侯王均可使用玉面罩，表明玉面罩是次于玉衣等级的丧葬用玉。

陶铠甲武士俑

随葬明器。步兵俑原应安装有木质的手臂，身着木质铠甲和丝麻制衣服，均已腐朽，肩部以下双膝以上留有不规则的铠甲遗迹。

汉承秦制，在葬俗上用兵马俑陪葬即是一例。多个帝陵及大臣贵戚的陪葬坑中都发现有大量兵马俑随葬。汉代陶俑虽然体量上不如秦兵马俑威武高大，且姿态造型单一，但整齐的阵容、威武的气势、庞大的数量，仍不失大汉帝国的威仪。

陶铠甲武士俑

西汉
高 57.1 厘米，宽 17.7 厘米
1992 年陕西省汉阳陵南区从葬坑出土
汉景帝阳陵博物院藏

陶铠甲武士俑

西汉
高 56 厘米，宽 12.7 厘米
1992 年陕西省汉阳陵南区从葬坑出土
汉景帝阳陵博物院藏

陶着衣彩绘武士俑

西汉
高 57.5 厘米，肩宽 9.5 厘米
1992 年陕西省汉阳陵南区从葬坑出土
汉景帝阳陵博物院藏

随葬明器。俑原应安装有木质的手臂，身着丝麻制衣服，已腐朽。阳陵随葬的陶俑均用经过筛选、淘洗的黑垆土作原料，陶质细腻坚硬，身体分头、躯干、腿和脚四段以模具加工制作而成型，然后入窑装烧，烧成后施以彩绘，颜面、躯干和下肢为橙红色，发、眉、须、目为黑色，最后再给俑安上手臂，穿上衣服。

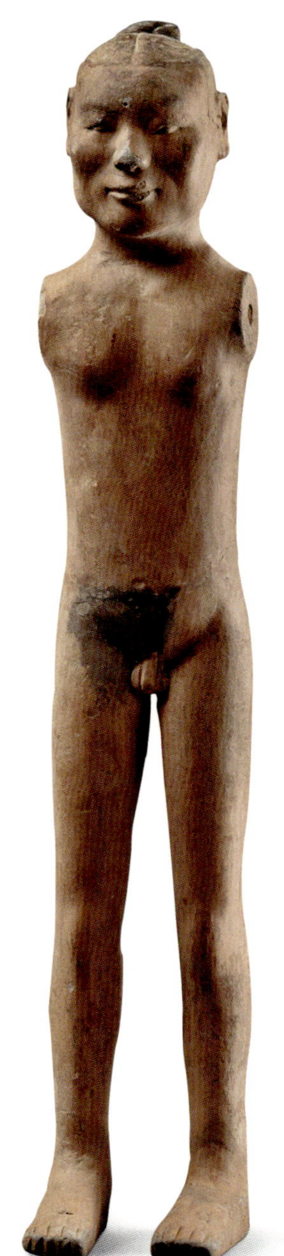

陶宦官俑

西汉
高 58 厘米，肩宽 9 厘米
1992 年陕西省汉阳陵南区从葬坑出土
汉景帝阳陵博物院藏

陪葬明器。此俑生殖器官遭阉割，只留存阴茎，没有阴囊和睾丸。宦官是古代宫廷中，专为皇宫贵族服务的、被阉割的男性，主要负责杂役。使用阉人服务宫廷的传统在中国历史上持续至清政府被推翻后才废止。

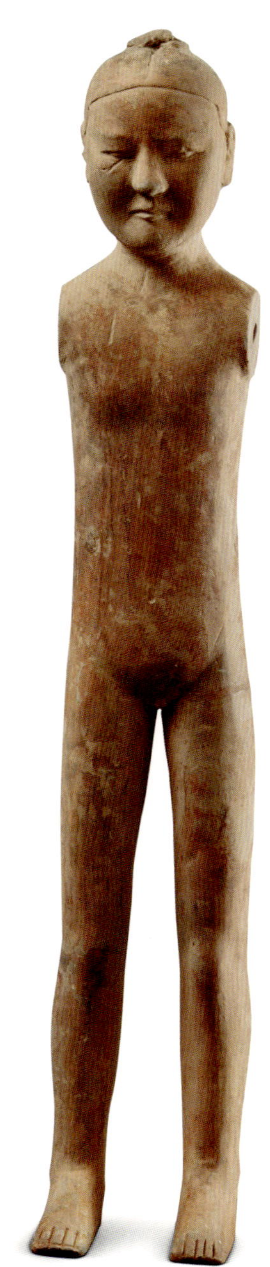

彩绘陶着衣女俑

西汉
高 52.8 厘米，肩宽 7.4 厘米
1992 年陕西省汉阳陵南区从葬坑出土
汉景帝阳陵博物院藏

随葬明器。此俑原有的木质手臂和身着衣服均已腐朽无存。这类陶俑不同于其他塑衣式陶俑，可能是专为皇室和贵族随葬的级别较高的陪葬品。

错金银青铜轴饰

西汉
长 7.1 厘米，下宽 6.2 厘米，上宽 2.6 厘米，厚 1.5 厘米
1996 年山东省长清双乳山西汉济北王陵出土
济南市长清区博物馆藏

装饰于马车轴部的饰件。铲状，装饰错金银云雷纹。线条流畅，造型生动逼真，反映了汉代高超的工艺水平。济北王陵出土的车马器除车轴上的铁器外，均以青铜铸造，多镶嵌有错金银纹样，以云雷纹为主。此外还有山形纹和飞禽走兽纹样。

错金银承弓器

西汉
承弓器长 12.3 厘米，锯齿形饰高 5.9 厘米，长 6.1 厘米，宽 2.6 厘米
1968 年河北省满城汉墓（M1）出土
河北博物院藏

承弓器为车上架弩的器具。两件一组，装置在车箱的前栏上，铜锯齿形器与承弓器同出，可能是车上盛箭器口沿的装饰。

中山靖王刘胜墓共随葬 6 辆实用车辆，出土了大量的车器，其中承弓器共出土 6 对 12 件。此对承弓器长颈兽首，器身以金银丝错出云雷纹，兽首以金银丝错出细部，使器物显得华美富丽。

错金银青铜环

西汉
外径 7.3 厘米，内径 5.6 厘米
1996 年山东省长清双乳山西汉济北王陵出土
济南市长清区博物馆藏

车马器。外露部分有错金银云雷纹饰，嵌入车衡部分为素面，一侧中部有使用磨损的痕迹。中国古代车马器的使用有严格的规定，错金银车马器奢华精美，从规格上符合墓主人的身份，应是其生前的实用器。

嵌宝石银节约

西汉
高 0.8 厘米，底径 2.7 厘米
2010 年江苏省盱眙县大云山汉墓出土
南京博物院藏

连接马络头和辔带的马具，主要用途是作为颊带、项带、咽带、鼻带和额带的连接点。同墓还出土有 30 多件与此件银节约所嵌类似宝石的银马饰。这些银马饰装饰奢华，做工极其精致，当非一般诸侯王能享用。发掘者认为这些银马饰可能与江都王刘非因战功享“天子旌旗”有关。

鎏金狩猎纹铜当卢

西汉
长 25.3 厘米，上宽 13.7 厘米
1968 年河北省满城汉墓（M2）出土
河北博物院藏

放置在马额部位作为装饰的马具。此当卢以鎏银衬地，于其上线雕并加鎏金成纹饰。内外作双重郭线，内郭线分图案为内外两组，外围一组的下部是一条张口吐舌、身躯柔曲的蟠龙，其上云间有朱雀、野猪以及各种怪兽。内部一组除饰有流云、怪兽外，还勾勒出一幅猎人打猎图，猎人高鼻，头戴尖帽，矫健地向右扭身，拉弓满弦作射箭状。窦绾墓北耳室随葬有实用车 4 辆和 13 匹马，马为杀殉，马具均成堆放置。

鎏金青铜轴饰

西汉
长 10.5 厘米，宽 10 厘米
1996 年山东省长清双乳山西汉济北王陵出土
济南市长清区博物馆藏

装饰于马车轴部的饰件。铲状，一端铸兽面，兽的眼睛、耳朵、鼻子、嘴和胡须清晰可见，另一端呈板状。

济北王陵墓主是死于汉武帝后元二年（前 87 年）的济北国末代王刘宽，在外椁随葬了 5 辆马车，共出土各类铜、铁实用车马器和车马冥器 1734 件，大部分为铜质鎏金和纹饰精美的错金银器。由此可以想象马车的华贵典雅。

鎏金青铜车軎

西汉
外径 7 厘米，内径 4.2 厘米
1996 年山东省长清双乳山西汉济北王陵出土
济南市长清区博物馆藏

套在车轴两端，保护车轴，防止车轮脱落的金属部件。车軎上有铁辖。

鎏金青铜轭角

西汉
高 4.4 厘米，长 8.5 厘米，宽 4.3 厘米
1996 年山东省长清双乳山西汉济北王陵出土
济南市长清区博物馆藏

用来装饰、保护轭的车马器。一端做兽首形，两眼突出，厚唇大嘴，尾部呈锯齿状，背部饰有云纹。

玉组佩

西汉

瑗：直径 8.8 厘米，孔径 4.8 厘米；珩：分别长 7 厘米、10 厘米；觿：长 11 厘米；佩：长 4.5 厘米；舞人：高 4—5 厘米

2001 年陕西省西安市新城区窦氏墓出土

西安博物院藏

随葬的礼器。由 1 件瑗、2 件珩、2 件觿、2 件佩和 4 件舞人共 11 件组成，出土时置于侧室内。根据同墓出土的青铜器铭文推测，墓主应是西汉早期外戚窦氏家族成员。

玉佩在西周时期即已流行，战国时期玉佩盛行，至西汉中期衰落。窦氏墓出土的两套玉佩填补了关中地区西汉时期玉组佩的空白，为研究西汉玉佩组合及中国古代玉佩的发展演变提供了珍贵资料。

金饰

西汉
长 4.4 厘米，宽 4.06 厘米
2010 年江苏省盱眙县大云山汉墓出土
南京博物院藏

根据出土情况推测，此金饰应为缝缀在某种漆纱器物之上的装饰物品。金饰上的大角羊头纹虽然具有浓郁的草原风情，但其并非是草原制品，确属地道的中原制造。这类金饰使用锤揲、掐丝和金珠焊接三种工艺，制作复杂，使用者多是诸侯王或王室成员，身份尊贵，推测其很可能由中央工官统一加工制作，再由朝廷赏赐给各诸侯王使用。

杏形金叶片

西汉
高约 4.6 厘米，宽约 4.4 厘米，重约 2.55 克
1983 年广东省广州市象岗山西汉南越王墓出土
西汉南越王博物馆藏

南越王线巾面罩上的装饰品，共 8 块，纹饰一致，丝巾已朽。饰片以金箔片锤揲而成。主题作二尖角羊头纹，两相背向，如同一个羊头的两个侧面，在金叶顶尖处有一图案化的羊头。金叶下部正中有一穗状纹作分隔。周边錾出连续点线纹。

髹漆陶卮

汉代
高 11.3 厘米
2006 年山东省青州市香山汉墓陪葬坑出土
青州博物馆藏

盛水器或盛酒器。圆筒形，器表残留彩绘，纹样为在两周红色条纹之间用红、紫颜色彩绘云纹。香山汉墓陪葬坑出土的彩绘陶器主要有鼎、壶、尊、钫、匜、甑、钵、卮、盆、盘、盒、奁等，多达 600 余件，均泥质陶，大部分器物上保留有红、白、紫等彩绘，器表装饰卷云纹、波纹和平行线纹。

陶动物俑（一组 4 件）

西汉初期，“文景之治”施行休养生息的政策，为厚葬提供了丰富的物质基础。从阳陵陪葬的众多家畜可以看出当时六畜兴旺、生活富足的盛况。阳陵随葬的动物俑主要是我国古代“六畜”，即马、牛、羊、猪、鸡、狗。

彩绘陶牛

西汉
高 38 厘米，长 69.5 厘米，宽 22.5 厘米
2002 年陕西省汉阳陵东侧从葬坑出土
汉景帝阳陵博物院藏

彩绘陶绵羊

西汉
高 36.5 厘米，长 43 厘米，宽 13.2 厘米
2002 年陕西省汉阳陵东侧从葬坑出土
汉景帝阳陵博物院藏

彩绘陶母猪

西汉
高 22 厘米，长 46 厘米，宽 15 厘米
2002 年陕西省汉阳陵东侧从葬坑出土
汉景帝阳陵博物院藏

彩绘陶狼犬

西汉
高 19.1 厘米，长 32.4 厘米，宽 9.1 厘米
2002 年陕西省汉阳陵东侧从葬坑出土
汉景帝阳陵博物院藏

陶子母鸡

汉代
高 15.2 厘米
1950 年四川省新津县出土
四川博物院藏

随葬明器。灰陶。雏鸡趴在母鸡背上，场面温馨。鸡既是人类最早驯化、最广泛食用的动物之一，在古人眼里，也是能够辟邪迎祥的祥瑞之物。

汉代畜牧业发达，六畜兴旺。厚葬之风盛行，家畜成为汉墓中常见的随葬动物，多为陶俑。作为六畜（马、牛、羊、猪、狗、鸡）之一的鸡，是汉墓常见的随葬明器，不仅出现在帝王和诸侯的陵墓中，也是一般贵族和平民墓中最常见的动物俑。

陶鹅

汉代
高 22 厘米
1950 年四川省新津县出土
四川博物院藏

随葬明器。红陶，表面残存彩绘。鹅源于雁，其驯化历史当在三千年以上。作为常见水禽，鹅的形象于汉代并不陌生，四川汉代墓葬中出土的陶鹅同样也不鲜见。

凤鸟鎏金铜锺

西汉
高 78.7 厘米，腹径 49.23 厘米，口径 14.5 厘米
2003 年陕西省西安市未央区文景路枣园汉墓出土
西安博物院藏

盛水或盛酒器。盖面中央饰凤鸟形钮，凤鸟作立姿，昂首翘尾，口中含珠，双翅拢于背，线条圆转流畅，形象栩栩如生。肩两侧置铺首衔环耳。壶盖、身通体鎏金，富丽辉煌。出土时密闭完好，内盛酒 26 千克，因铜离子渗入，呈碧绿色。

汉代形制相同的这种盛酒器有的自铭曰“壶”，有的自铭为“锺”，锺和壶应是同一类型的器物。

漆卮

西汉
高 22 厘米，口径 20 厘米
1975 年湖北省荆州市凤凰山 168 号墓出土
荆州博物馆藏

盛水器或盛酒器。卷木胎。内髹红漆，器表以黑漆为地，用朱色彩绘变形凤纹和饕餮纹。外底有“市府饱”“成府饱”“成市草”等烙印文字，表明是由成都市府所辖的漆器作坊生产，并反映出西汉前期漆器制作也有多道工序和“物勒工名”的产品责任制度。出土时，内装有 3 个小漆盘和 1 件单环耳小漆卮。

漆壶

西汉
高 38.2 厘米，口径 12.5—12.8 厘米
1975 年湖北省荆州市凤凰山 168 号墓出土
荆州博物馆藏

盛酒器。此壶木胎，镟制，内髹红漆，器表髹黑漆为地，上以红漆绘弦纹、波纹、几何纹、云气纹、点纹等。黑色与朱色相配，对比强烈，给人一种幽深而沉静的美感。

漆匜

西汉
高 9 厘米，长 34 厘米，宽 27 厘米
1975 年湖北省荆州市凤凰山 168 号墓出土
荆州博物馆藏

盛水器。薄木胎，外髹黑漆，内髹红漆为地，上以灰、黑等无光漆绘变形凤鸟纹、卷云纹。外底有“成市□”“□市草”等烙印文字，表明其产自成都市府所辖的漆器作坊。

云纹圆漆盘

西汉
高 3.7 厘米，口径 44.1 厘米
2000 年湖北省荆州市高台 2 号墓出土
荆州博物馆藏

盛水器。木胎。器表和内底均髹黑漆，内底用朱红、褐色、金黄色等彩绘纹饰 10 条龙和 3 只鸟。荆州高台汉墓出土的漆器上有烙印、针刻和漆书的文字，烙印文字内容一般为“成市□□”“成市草”“成市员”等，表明这些漆器也是来自成都市府管辖的漆器作坊产品。

西王母画像砖

东汉
长 45 厘米，宽 25 厘米，高 5.5 厘米
1985 年四川省什邡市采集
四川博物院藏

图案为浅浮雕，画面上西王母“戴胜”坐于龙虎座上，左上为三足金乌，右上为九尾狐。西王母座下一蟾蜍直立执巾而舞。左下角一祈祷者，负幡执笏而拜，右下角坐一男一女，肩上飘羽，当为仙人。

传说西王母掌握有“不死之药”，能使人长生不死，永生天国，这与汉代人祈求升天成仙的思想一致，也应是汉代西王母信仰盛行的主要原因。

日神画像砖

东汉

长 37.5 厘米，宽 24.5 厘米，高 8.5 厘米

1955 年四川省成都市新都区新繁镇清白乡一号墓出土

四川博物院藏

画面呈长方形，浅浮雕。图案为竖形，图为一人首鸟身的羽人，头戴冠，颈脖有羽翼，胸负圆轮，轮中为一金乌，向右飞翔。此砖反映了古代人们对自然、对天象的一种朴素认识。

第四单元

多元文化

秦汉时期政治、经济、文化各项的“软实力”保证了统一的多民族的秦汉中国能够熔铸为坚实的整体。文化方面，建立在儒家、道家和其他各家综合的基础上，中国有了完整的宇宙论、伦理学和价值观念。中国的科技能力也居于当时世界的前列，工艺技术方面有水力利用、铸造碳钢工具和兵器、纺织染色、制造各种精美的丝织品等。这些能力使秦汉中国的生产能力超过四邻，当时的中国具有相当的吸引力，通过贸易将各处的经济纳入中国的大系统之内。这些软实力在后世不断延续增长，使中国得以维持政治和文化的整体性。同时，秦汉时期，以滇文化、百越文化、匈奴文化等为代表的边疆地区文化在与汉文化的交流融合中得到继续发展，它们与汉文化共同构成秦汉时期多元的灿烂文明，并向周边地区辐射。

九头人面兽画像石

东汉
高 58 厘米，长 144 厘米，厚 18 厘米
山东省滕州市黄安岭出土
山东博物馆藏

整体采用凸面线刻手法，分两层刻画了九头人面兽和虎、熊等动物及羽人骑鹿和鹿车形象。画像石是汉代地下墓室中常见的建筑构石，山东地区出土画像石是中国画像石分布四大区域之一，内容丰富多彩。

玉熊形镇

西汉
高 6.6 厘米，长 20.3 厘米，宽 8.3 厘米
1986 年江苏省徐州市北洞山楚王墓出土
徐州博物馆藏

玉镇的一种，用于镇坐席，多为动物形象。玉熊戴有项圈，表明可能熊在当时也是被驯养的宠物。

鎏金铜鹿灯

西汉
通高45厘米，灯盘直径22.2厘米，深2.1厘米
2010年江苏省盱眙县大云山汉墓出土
南京博物院藏

通体鎏金，由灯盘、支架、鹿座三部分组成。造型优美，铸造精良，集实用性与艺术性于一体，为汉代灯具中罕见精品。

错金银嵌宝石铜镇

西汉
高 3.1 厘米，直径 4.6 厘米
2010 年江苏省盱眙县大云山汉墓出土
南京博物院藏

一组四件，两两相同，皆以虎熊对噬为主题形象。以错金银技法装饰纹样，嵌饰宝石，整件器物填嵌玛瑙、绿松石等质地的宝石共 50 余颗，底部各刻有铭文“甲”“乙”“丙”“丁”。可谓迄今所见汉代铜镇中工艺最复杂、装饰最奢华者。

鎏金银兽面纹铜铺首

西汉
长 12.2 厘米，宽 7.3 厘米
1968 年河北省满城汉墓（M1）出土
河北博物院藏

铺首是传统建筑门饰，多为兽首衔环之状。兽面鎏银，龙体鎏金。环为上下双连式，鎏金。诸侯王墓葬出土的用具精致华美，反映了汉代物质文化的繁荣。

错金铁短剑

西汉
长 36.7 厘米，宽 4.3 厘米
1968 年河北省满城汉墓（M1）出土
河北博物院藏

短剑两面金片分别嵌出火焰纹和卷云纹，环首嵌金片饰卷云纹，格部嵌金片饰兽面纹。高等级汉墓出土的文物不仅证实了汉代诸侯国的强盛富裕，更在一定程度上体现了汉代的文明程度和艺术水平。

突沿玉镯

西汉
外径 11 厘米，内径 6 厘米
云南省昆明市晋宁区石寨山墓地出土
云南省博物馆藏

整体作玉环形，内孔沿起一唇边，边沿剖面如“T”形，亦称“T”形环镯。突沿玉镯是滇国特有的一种臂饰，这种玉镯在墓葬中大多出自墓主的手臂部，有的和铜镯同时使用，有的镯上还附有死者的肘骨残片。滇国青铜器图像上戴此突沿玉镯者为数不少，其中有骑士、舞乐者，也有滇国的上层人物。这种玉镯的内沿皆有凸起的唇边，是为加大与手臂的接触面，不致在戴镯时磨破皮肉。滇国这种突沿玉镯和中原一带的玉璧或玉瑗的装饰功能完全不同。

玉耳玨

西汉
最小长 2.1 厘米，宽 1.7 厘米；最大长 4.8 厘米，宽 3.1 厘米
云南省昆明市晋宁区石寨山墓地出土
云南省博物馆藏

这组耳饰共有 6 件，大小相依有序。器形均呈扁圆环状，上端正中有缺口，环至缺口处变窄，两端钻有细圆穿孔。据《华阳国志·南中志》和《后汉书·西南夷传》记载，云南古代有“儋耳蛮”，“其渠帅自谓王者，耳皆下肩三寸，庶人则至肩而已”。《说文》曰：“儋，垂耳也。”滇人喜佩圆耳环，且以大小相依成组地佩戴于耳，以绳索系挂于耳，势必要下垂至肩，这与文献所载的称云南有“儋耳蛮”的记载相吻合。

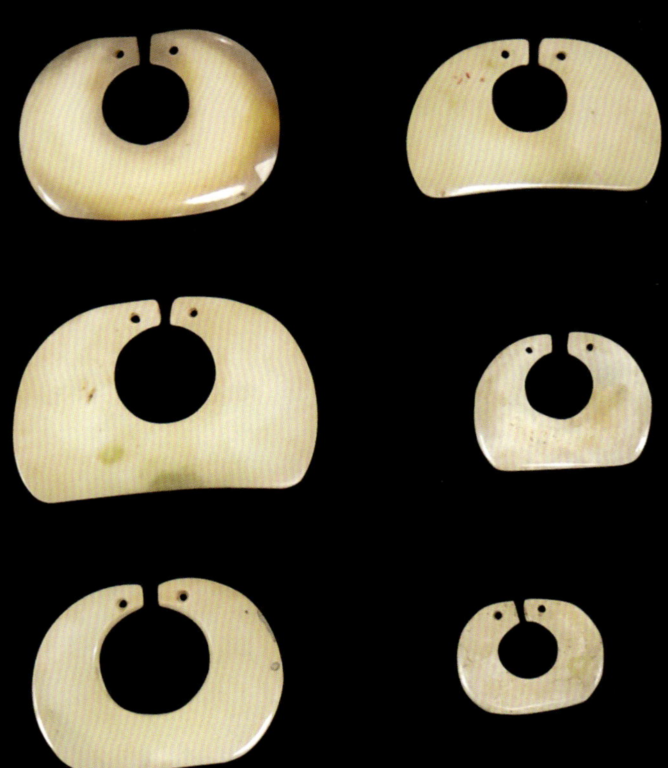

漆木人头形木祖

西汉
高 12 厘米，长 28 厘米，宽 8 厘米
1998—2001 年云南省昆明市羊甫头墓地出土
云南省博物馆藏

这件漆木祖上的人头顶束发，耳戴两组耳蚯，张口露齿，下颌前突，底部绘甲虫形图案，是云南省出土的唯一一组形象生动、造型各异的漆木祖之一，体现了对男性生殖器的崇拜，可能还有祭祀巫术等含义。滇人的木雕工艺在这组祖形器上得以充分体现。

漆木女巫

西汉
高 18.8 厘米，长 24.8 厘米
1998—2001 年云南省昆明市羊甫头墓地出土
云南省博物馆藏

女巫跪坐于一鼓之上，双手置于膝上，高鼻深目，身着对襟长衣。身后横出一只鹿腿。造型独特，制作规整，是一件具有滇文化特色的精美漆木器。

孔雀雉鸡饰高盖铜杯

西汉
通高 53 厘米
1998—2001 年云南省昆明市羊甫头墓地出土
云南省博物馆藏

云南动植物丰富，古滇人创作了大量动物题材器具，体现了某种动物崇拜和自然观。此杯由高体杯盖和杯身组成。盖呈塔式，内部中空，下端饰雉鸡，盖顶饰昂首孔雀，极富地域风情。滇文化发现的铜杯盖上多饰立牛，饰雉鸡和孔雀者目前仅此一件。

虎噬人饰铜钺

西汉
高 51 厘米，宽 24.8 厘米
1998—2001 年云南省昆明市羊甫头墓地出土
云南省博物馆藏

与中原文化的铜钺有所不同，古滇国的钺并非通过钺身的穿孔捆绑在木柲上，而是将柲前段弯曲插入钺銎孔中。钺銎孔边缘表现了虎噬人的场景，可能具有某种宗教巫术含义。

女俑杖头铜杖

战国
长约 130 厘米，直径 2 厘米
云南省江川县李家山墓地出土
云南省博物馆藏

通体铜质，长条圆柱状，杖头有一女俑跪坐于鼓形座上，双手抚膝。杖是权力的象征，使用权杖的习俗主要流行于西南地区的一些民族中。

铜鱼杖头饰

战国至东汉初
通高 26 厘米，鱼长 22.3 厘米，銎径 3.3 厘米
1992 年云南省江川县李家山墓地出土
云南李家山青铜器博物馆藏

仪仗器。这类杖头饰代表着军权或王权。鱼在滇系青铜器的杖头饰上是常见母题，可能当时的鱼崇拜和权力之间有某种关联。古代滇国可能受西方权杖影响，进行了因地制宜的再创作，产生了颇具地域特色的仪仗器。

四牛鎏金骑士铜贮贝器

西汉
通高 50 厘米，盖径 25 厘米
1956 年云南省昆明市晋宁区石寨山 10 号墓出土
云南省博物馆藏

铜贮贝器是古滇人特有的储存货贝并具有一定政治和宗教意义的青铜器皿，具有浓郁的地方特色和民族风格。器上立雕四牛和鎏金骑马武士，从装束判断骑马武士身份显赫。

剽牛祭祀铜扣饰

西汉
长 13.4 厘米，宽 10.3 厘米
1992 年云南省江川县李家山 68 号墓出土
云南李家山青铜器博物馆藏

扣饰表现了剽牛祭祀的场面。滇国畜牧业比较发达，家畜、家禽种类很多，其中牛的数量最多。《华阳国志》等古籍均记载古代西南民族信巫鬼，好诅盟，凡有大事都要设立祭坛，供奉祭品，在这件扣饰上有生动体现。

鎏金双人盘舞铜扣饰

西汉
高 12 厘米，宽 18.5 厘米
1956 年云南省昆明市晋宁区石寨山 13 号墓出土
云南省博物馆藏

扣饰上二男子双手托圆盘，展臂扭腰，作舞蹈状。整个图像似表现一对巫觋作“迎神”“降神”的仪式，人物衣饰、发髻等均具有显著的滇国地区地方特色。

虎噬猪铜扣饰

战国
长 7.5 厘米，宽 4.8 厘米
云南省江川县李家山墓地出土
云南省博物馆藏

虎扑猪背，口噬其颈，猪作惊惧奔逃状。器身下缘为一蛇，蛇口咬猪蹄。虎、猪身上皮毛的纹理清晰可见。“虎噬猪”的动物题材形象生动，风格粗犷彪悍，体现了古代西南民族对自然和生活独特的审美感受。

圆形太阳纹铜扣饰

战国
直径 10 厘米，高 1 厘米
云南省江川县李家山墓地出土
云南省博物馆藏

圆形扣饰宽沿，内凹，背面有一矩形齿扣。正中八角芒纹，芒间三角纹。

船纹牛纹铜鼓

西汉
面径 40 厘米，高约 31 厘米
旧藏
云南省博物馆藏

这件铜鼓的鼓面依稀可见十二芒，六只飞鸟围绕芒一周。胴部饰船纹，胴部与腰部间连接四耳，腰部分为八格，格内饰牛纹。云南是铜鼓的发源地，目前发现中国最古老的铜鼓出土于云南楚雄，铸造于春秋时期。铜鼓作为极具古滇国特色的青铜器，被赋予了崇拜、祭祀、祈福等丰富的精神含义。

人面纹羊角钮铜钟

西汉
高 19 厘米，宽 14 厘米
1976 年广西壮族自治区贵县罗泊湾 1 号墓出土
广西壮族自治区博物馆藏

这座半橄榄形铜钟顶有羊角形錾钮，合模铸成，鼓面正面铸人面形，眼、鼻、口隐约可见。经测音，正鼓音为 #C5-24，侧鼓音为 E5-4。

二立牛铜枕

西汉
长 69.4 厘米，宽 13 厘米
云南省昆明市晋宁区石寨山墓地出土
云南省博物馆藏

铜枕整体似马鞍状，两端微微上翘，各雕铸一立牛。枕面有 2 个细孔。侧面饰回旋纹、水波纹。铜枕出土时多位于死者头部，有的表面尚存头骨残片及耳环等物，应为滇国特有的专用于随葬的枕具。

铜刷形器

战国

长 23 厘米，宽 5.6 厘米，高 1.7 厘米

云南省江川县李家山墓地出土

云南省博物馆藏

整体作勺形，勺底部有密集成排的锥刺，柄及勺体背面有花纹。与纺织工具共出，应该是与纺织有关的器具，尚不能确定具体用途。

镀锡蛇形铜叉

西汉
长 30 厘米，宽 8 厘米，高 3 厘米
云南省昆明市晋宁区石寨山墓地出土
云南省博物馆藏

銎作圆柱体，直达叉的分叉处，中部正反面有钉孔；叉尖仿毒蛇分叉的舌尖。叉是滇国特有的一种兵器，与矛的用途相同，均用以直刺，因其前锋分叉呈双尖状，杀伤力更大。

镀锡立牛铜啄

西汉
通高 27 厘米，宽 6.5 厘米，銎径 3 厘米
云南省昆明市晋宁区石寨山墓地出土
云南省博物馆藏

整体似有长喙的鸟头，銎横置于刃部之上，形成“丁”字形。刺细长，呈四棱形锥体，前锋尖锐；銎较短，銎上焊铸有一立牛。使用时可像铜戈一样钩杀，是滇国特有的兵器。

镀锡三兽铜斧

西汉
长 15.7 厘米，銎宽 14.7 厘米，銎径 2.2 厘米
云南省昆明市晋宁区石寨山墓地出土
云南省博物馆藏

斧身略作长方形，刃上有三角形凹槽；銎上有回旋纹、犬牙纹、太阳纹组成的图案，并焊铸三只狐狸。

刻牛头孔雀纹铜锄

西汉
长 18.5 厘米，宽 10 厘米，銎径 3 厘米
云南省昆明市晋宁区石寨山墓地出土
云南省博物馆藏

銎部饰回纹、三角形纹、弦纹，銎两侧各有一线刻的孔雀和牛头。这件器物可能是为某种农业祭祀仪式特制的，或者是专为滇国统治者随葬用的明器。

干栏式陶屋

西汉后期
面宽 24.5 厘米，进深 21.3 厘米，高 27.5 厘米
1955 年广东省广州市大元岗出土
广州博物馆藏

“干栏式”建筑主要为防潮湿而建，适应多雨地区的需要。干栏式陶屋是汉代人民为适应岭南地区潮湿多雨的气候在民居上的体现。

曲尺式陶屋

东汉前期
高 23.2 厘米
1957 年广东省广州市西村皇帝岗出土
广州博物馆藏

秦汉时期，中原先进的农耕畜牧技术输入岭南，岭南的耕地逐渐开发，农业经济得到长足发展，人口增加，因而出现农舍和庄园等建筑。此类陶屋模型在各地汉墓内大量出土，为研究汉代建筑和生活提供重要的资料。

第五单元

丝路交通

公元前 138 年，为了联合大月氏攻打匈奴，西汉武帝派张骞出使西域，丝绸之路随之开通，东西方之间的文化交流进入新纪元，由先前自发的临近地区之间的自然传布转变为在中原王朝经营下的自觉交流。这条丝绸之路又称作“绿洲丝绸之路”，从长安至罗马，共两万余里，仅汉朝境内就有 1 万多里。在这漫漫的万里征程中，汉朝依仗烽燧保护使团、商旅等，通过驿站向他们提供接待和住宿，为丝绸之路的繁荣奠定了坚实的基础。当时与汉朝遣使通好的国家除了西域诸国外，还有遥远的条支（今伊拉克）和大秦（罗马）。海上丝绸之路在秦汉时期即已成形，考古材料证实秦代在广州设有造船厂。西汉武帝拓展与域外的海路交流，在日南、徐闻、合浦等港口发船远洋，通使互贸，以黄金、杂缯等换回玛瑙、水晶、珊瑚、琉璃等奇石、明珠等。丝绸之路通过陆路和海路将秦汉王朝与域外联系起来，中国的丝绸、漆器、铜镜等源源不断地向外输出，域外的珍奇物品、香料、宝石等输入中国，使异域文化逐渐融入汉文化中，有力地促进了秦汉时期中国与周边国家以及西方国家的文化交流，充分显示了大一统的秦汉王朝开放和包容的胸怀。

纸地图

西汉
残长 5.6 厘米，宽 2.6 厘米
甘肃省天水市放马滩 5 号汉墓出土
甘肃简牍博物馆藏

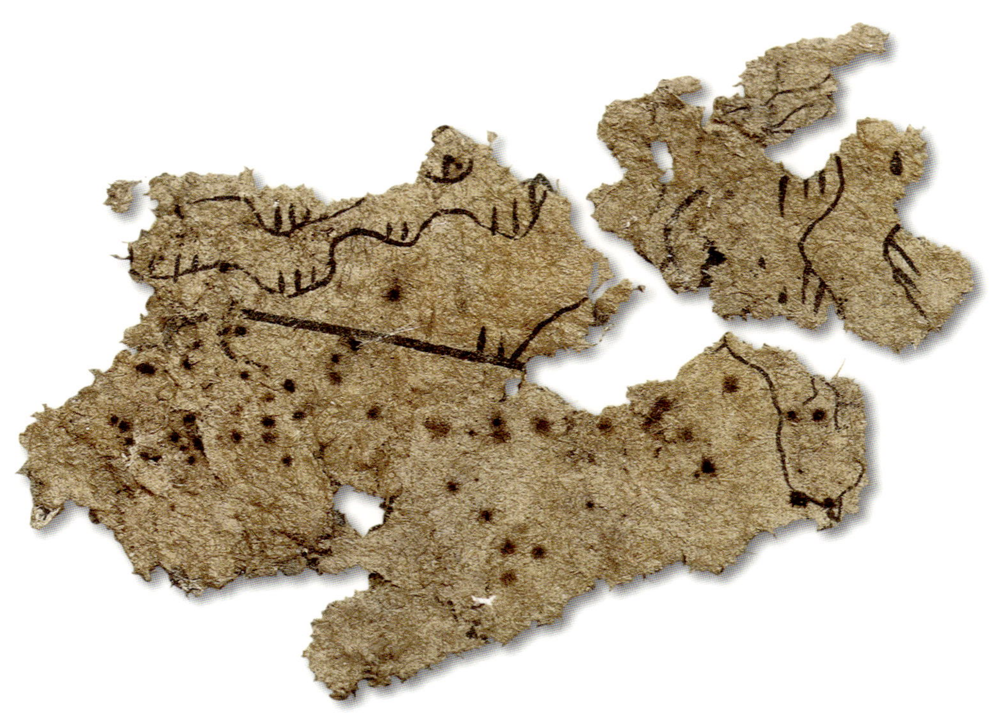

刘汉造石狮

东汉
残长 130 厘米，残高 98 厘米
旧藏临淄县学署
山东博物馆藏

石狮用深灰色青石雕成，整体呈跪姿，刻有隶书铭文一行："雒陽中東門外劉漢所作师子一雙"。东汉时期狮子这种来自西域的动物并不多见，还只是饲养于皇家园囿里供玩赏之物。该石狮及题铭体现了汉代对外文化交流及当时各区域之间石刻技艺和风格特征的相互影响，特别是东汉国都洛阳地区的文化对其他区域的影响。

鎏金嵌料鹰形铜镈

秦代
高 27.4 厘米，宽 8.5 厘米，厚 3 厘米
1972 年陕西省西安市北郊出土
西安博物院藏

鹰首兽身，眼和冠镶嵌玻璃和绿松石，下端有扁圆銎，侧有穿孔，起贯钉固定作用。外形奇雄庄重，可能属于皇家或高级官员举行仪式或出行时的仪仗器具的附件。

玉云纹高足杯

秦代
高 14.5 厘米，口径 6.4 厘米，足径 4.5 厘米
1976 年陕西省西安市未央区秦阿房宫遗址出土
西安博物院藏

出土于秦阿房宫遗址，为贵族所用。制作精良，是秦代玉器的代表作品。纹饰分为三层，包括上层柿蒂、流云纹，中层勾连卷云纹，下层饰流云、如意纹。

鎏金铜当卢

西汉
长 16.5 厘米，宽 7.8 厘米，厚 1.4 厘米
1999 年山东省章丘洛庄汉墓出土
济南市考古研究所藏

当卢为车马器的部件之一，为系于马额头中央的装饰。这件当卢呈叶形，镂空浮雕，正面和侧面均鎏金。背有两竖一横三个环纽，用于穿引皮绳。这种向后反卷的动物造型为中亚地区的特色，体现了中西文化交流。整个画面以富有动感的马为中心，并辅以变化的鸟纹和云纹，简繁适度，丰满灵巧，使这件当卢的构图和纹样给人以生动活泼、充满飞动之感。

银盒

西汉
口径 13.2 厘米，腹径 14.8 厘米，圈足径 6.8 厘米，通高 12.1 厘米
2010 年江苏省盱眙县大云山汉墓出土
南京博物院藏

这件裂瓣纹银盒具有典型的波斯中亚风格，可能是江都王生前所好的异域贡品，类似的文物在其他诸侯王墓中也有发现。同墓葬出土的相同纹饰银盘有铭文，标明这些用波斯中亚风格的器物是本地铸造，而不是直接通过丝路传播过来的，恰恰标明此时期中国沿海地区工匠应当与异域工匠有技术交流，体现了中西方交融汇通。

玻璃杯

西汉
高 5 厘米，口径 7.3 厘米，腹径 8.3 厘米
1987 年广西壮族自治区合浦县文昌塔 70 号墓出土
广西壮族自治区博物馆藏

此杯为蓝料烧制，腹部装饰三道弦纹，出土于合浦县文昌塔古汉墓群。古代合浦港是海上丝绸之路的重要港口，出土诸多西来商品，玻璃是其中重要一项。值得注意的是，这件玻璃杯经过测试，其成分以钾硅为主，既与一般的罗马钠钙玻璃成分有别，也不同于与中原地区的铅钡玻璃，专家认为这可能是当地产品。由此可见，海外交通的便利，使得汉代合浦人已经从罗马人那里学会了烧制玻璃的技术，利用当地的材料，烧制出自己的玻璃器。

玛瑙动物串坠

西汉
动物高 1.3 厘米，最长 1 厘米
1975 年广西壮族自治区合浦县堂排 2 号墓出土
广西壮族自治区博物馆藏

串坠小动物饰件共 11 件，其中鹅 5 件，虎 6 件。用圆雕技法，简练地表现动物的各部位，制作工整，形体准确，构思巧妙，形态生动。玛瑙出自西域，是最早通过海上丝绸之路输入的舶来品，反映出汉代时中原已与西域有广泛交流，见证了早期海上丝路的繁荣景象。

玻璃龟

汉代
长 5.3 厘米，宽 3.3 厘米
1982 年广西壮族自治区合浦县文昌塔 1 号墓出土
广西壮族自治区博物馆藏

广西地区出土的西汉时期玻璃器多为钾硅玻璃，这种成分的玻璃与同时期中原流行的铅钡玻璃不同，也有别于西方生产的钠钙玻璃。这件玻璃龟为椭圆环形，有冰裂纹，应与当时繁荣的海外贸易有关。

多面体紫色水晶串珠

东汉
串珠长 1.2—2.5 厘米
1990 年广西壮族自治区合浦县黄泥岗 1 号墓出土
合浦县博物馆藏

串珠 136 粒，为多面体形状，表面碾磨光滑。水晶在汉代岭南地区并未见有出产记录，合浦当地没有可开采的水晶矿等，这些水晶应该是海上丝绸之路的重要证物。

绿柱石、水晶混合串饰

东汉
最大长 2.5 厘米，宽 1.5 厘米；最小长 0.8 厘米
1990 年广西壮族自治区合浦县黄泥岗 1 号墓出土
合浦县博物馆藏

共有白、蓝、黄、紫四个颜色的水晶串珠，透明度极高。是汉代一位徐闻县令珍藏的佩饰，也是海上丝绸之路中外贸易交流的历史见证。

金饰件（一组6枚）

这一组金饰件为橄榄形、扁圆形或圆球形，用金条缠绕或盘成小圈焊接，用高温吹凝的金珠固定和装饰。这种金饰的制作工艺来自西方，这种串饰造型曾经在东南亚地区流行，是见证海上丝绸之路的物证。

橄榄形嵌花金饰件

东汉
长1.9厘米，最大直径1厘米
2001年广西壮族自治区合浦县九只岭出土
广西壮族自治区博物馆藏

扁圆形金串珠

东汉
直径1.2厘米，厚0.8厘米
2001年广西壮族自治区合浦县九只岭出土
广西壮族自治区博物馆藏

球形镂空金饰件

东汉
直径 1.3 厘米
2001 年广西壮族自治区合浦县九只岭出土
广西壮族自治区博物馆藏

球形镂空小金饰件

直径均为 6 厘米
东汉
2001 年广西壮族自治区合浦县九只岭出土
广西壮族自治区博物馆藏

盾形金饰

东汉
高 1.5 厘米，宽 1 厘米，厚 0.6 厘米
1980 年江苏省邗江县甘泉镇二号汉墓出土
南京博物院藏

形似座钟，表有花纹，一面有“宜子”二字，侧面及反面原有嵌饰均已脱落。

品字形金饰

东汉
高 2.1 厘米，宽 1.5 厘米，厚 0.6 厘米
1981 年江苏省邗江县甘泉镇二号汉墓出土
南京博物院藏

为三个亚字形拼接而成的品字形金饰，表面均用细金球连接成重环纹制作，工艺精细。这种用高温吹凝细小金珠焊接在薄金片上作为装饰的手法流行于地中海沿岸，可见此时期外来商品进口贸易和工艺交流的频繁。

鎏金铜犀牛及驯犀俑

西汉
犀牛高 9.8 厘米，长 19.8 厘米，宽 8.4 厘米
俑高 4.7 厘米，宽 3.2 厘米
2010 年江苏省盱眙县大云山汉墓出土
南京博物院藏

对犀牛的形态学初步研究表明，此种犀牛为亚洲产犀牛苏门答腊种。产于东南亚的犀牛通过某种途径进入了汉王朝，并成为汉代工匠精心细作的工艺品对象。这组江都王陵出土的鎏金铜犀牛和驯犀俑为国内首次发现，对研究中外文化交流有重要学术价值。

胡人座陶灯

东汉

高 30 厘米，灯盘直径 10.5 厘米

1955 年广西壮族自治区贵县高中工地 14 号墓出土

广西壮族自治区博物馆藏

红陶质，灯座塑成一双脚并拢屈膝而座的裸体人物。人物双手抚膝，头顶圆形灯盘，盘发。人物为胡人形象，浓眉大眼，络腮胡须，高鼻梁。

鎏金铜象及驯象俑

西汉
象高 20 厘米，长 30.5 厘米，宽 14 厘米
俑高 7.2 厘米，宽 3.8 厘米
2010 年江苏省盱眙县大云山汉墓出土
南京博物院藏

这件鎏金铜象与铜犀牛一样为整体模铸而成，除象牙鎏银外，其余身体各部分皆为鎏金。驯象俑脸型不是中原人士，却身穿汉人服饰，可能是胡人到中原地区接受王庭的礼仪，入乡随俗，将具有异域特色的文化风俗传播到中原。

蜻蜓眼玻璃珠

西汉
直径 2.1—2 厘米，高 1.6 厘米，内孔径 0.9 厘米
1983 年广东省广州市象岗山西汉南越王墓出土
西汉南越王博物馆藏

模制，灰黑色，扁圆算珠形，表面有绿、白两色“蜻蜓眼”，并有白色小点排成双线菱形纹饰。

蜻蜓眼是古代一种玻璃饰物的俗称，在玻璃珠上装饰同心圆，制造出“眼睛”效果，最早在地中海沿岸出现，春秋战国时期进入中国。中国与西亚之间相隔万里，东西文明之间活跃着许多游牧民族，将这种技艺带入中国。南越王墓出土的蜻蜓眼正是中西文化交流的物证。

焊珠金花泡

西汉
直径 1.1 厘米，高 0.5 厘米
1983 年广东省广州市象岗山西汉南越王墓出土
西汉南越王博物馆藏

为墓主人所穿“珠襦”上的纹带饰物。共发现 32 枚。泡形为半圆球体，边缘和泡面的堆饰是用金丝和小金珠焊上的，泡顶中心嵌一颗小绿松石，做工精细。这种饰物的焊珠工艺，源于西方，在古希腊遗址中有类似的出土，南越王墓出土的金花泡是中国境内较早的舶来品。

蓝色平板玻璃

西汉
长 10 厘米，宽 5 厘米
1983 年广东省广州市象岗山西汉南越王墓出土
西汉南越王博物馆藏

南越王墓中共出土 11 对鎏金铜框玻璃牌饰，大多出于墓主的胸腹两侧。这些玻璃光洁透亮，气泡少且厚薄一致。经测定，为铅钡玻璃，铅、钡的含量高达 33% 和 12%，属于中国铅钡玻璃，是目前发现国内最早的蓝色平板玻璃。

陶船

东汉
长 42 厘米，最高 19 厘米
广东省广州市出土
广州博物馆藏

船顶有篷，篷顶及船舷有多名水手。反映了东汉时期的造船技术，是往来于海上丝绸之路的交通工具的直观展现。

陶托灯俑

东汉前期
高 19 厘米
1955 年广东省广州市大元岗出土
广州博物馆藏

人物面部为胡人形象，络腮胡子，赤裸上身，双腿跪坐，左手托灯盘。有学者认为是随海船东来传播佛教的西亚行僧。

昆仑奴俑陶灯

西汉后期
高 13.7 厘米
1955 年广东省广州市大元岗出土
广州博物馆藏

昆仑在中国古代指印度尼西亚、马来西亚一带，昆仑奴指来自那里的奴役，多为东南亚一带土著人。传说昆仑奴体壮如牛，性情温良，为贵族豪门所欢迎。这件昆仑奴俑灯人脸短圆，箕踞，头顶灯盘，说明昆仑奴常见的广东地区具有相当的国际化程度。

结束语

秦始皇统一六国，创建大一统的多民族国家，大汉王朝继承并拓展了秦人建立的庞大国家，开启了中国历史上王朝国家的辉煌篇章。秦汉四百余年的历史，中国实现了政治上的统一、知识体系的统一以及思想的统一，成为中国历史名副其实的关键时代，外人逐渐称中国为“汉”，这一习惯性名称沿用至今，“汉族”的称谓即由“汉代”延伸而来。秦汉王朝开创性的丰功伟绩为后世中国积淀了丰厚的遗产，为中华文明绵延发展奠定了坚实的基础。秦汉文明先进的软实力成就其世界强国的地位，丝绸之路的开拓与发展，更彰显了秦汉大一统国家开放的胸襟。在全球一体化日益加深的今天，中国正值大国崛起，实现中华民族伟大复兴的重要时期，在“一带一路”倡议下，中国正在深度融入世界。我们重温秦汉盛世，增强文化自信，继往开来，为“中国梦”的实现而开拓奋进！

后 记

2018 年是我国改革开放 40 周年、海南建省办经济特区 30 周年，展览期间，适逢博鳌亚洲论坛 2018 年年会，为支持海南省开展文物交流活动，国家文物局与海南省人民政府共同在海南举办“秦汉文明”展。

从美国大都会艺术博物馆“秦汉文明”展到国家博物馆“秦汉文明”展，中外策展人站在不同的视角，对秦汉这一段重要历史给出了不同的诠释。本次展览在国家博物馆“秦汉文明”展的基础上，调整了部分展览内容和文物展品，以新的面貌在海南与观众见面。同一主题，不同文物和表现手法，我们力图发掘、再现、传递秦汉文明的丰富内涵。

展览的成型、成熟，离不开集体的力量。这次展览，经过紧张的筹划，最终确定有来自国内 11 个省区 26 家文博单位的 144 件 / 组展品将在海南展出。2017 年 12 月起，紧张的文物调集工作陆续开展，几路齐发，马不停蹄。2018 年 1 月底，文物齐聚海南，全部到位。筹展过程中，受到国家文物局、海南省人民政府的高度重视，得到中国国家博物馆和各省区文物局、参展单位的大力支持与鼎力相助，也离不开美国大都会艺术博物馆此前办展的诸多铺垫。在此，表示诚挚的感谢！

中华文明历久弥新，秦汉历史三度回顾，反复梳理，总能凸现新的价值，引发新的思考。展览将为广大观众提供一个入口，引导观众了解一个真实、全面、立体的秦汉盛世。